Christopher Columbus

The Letter of Columbus on the Discovery of America

Christopher Columbus

The Letter of Columbus on the Discovery of America

ISBN/EAN: 9783743344938

Manufactured in Europe, USA, Canada, Australia, Japa

Cover: Foto ©ninafisch / pixelio.de

Manufactured and distributed by brebook publishing software (www.brebook.com)

Christopher Columbus

The Letter of Columbus on the Discovery of America

THE
Letter of Columbus
on the Difcovery of
AMERICA

A Facſimile of the Pictorial Edition, with a New and Literal Tranſlation, and a Complete Reprint of the Oldeſt Four Editions in Latin.

PRINTED BY ORDER OF THE TRUSTEES OF THE

LENOX LIBRARY

NEW-YORK, M DCCC XCII

COPYRIGHT, 1892,
BY THE TRUSTEES OF THE LENOX LIBRARY.

The present facsimile, and reprint of the four Latin editions of the Columbus Letter, belonging to the Lenox Library, are published by the Trustees at this time, as an appropriate tribute to the memory of the great discoverer.

JOHN S. KENNEDY,
President.

New-York, October 21, 1892.

INTRODUCTION.

HE First Letter of Columbus, giving the earliest information of his great discovery, was translated into Latin and sent to Rome for publication immediately after his return to Spain. Original copies of the oldest four editions of this version, printed in 1493, are preserved in the LENOX LIBRARY, where they occupy a prominent place in the exhibition of rare books. The rarest, and certainly the most interesting, of these is the pictorial edition, complete in ten leaves, which is reproduced here in exact facsimile, accompanied by a literal translation. No other perfect copy is known to be extant. The curious woodcuts with which it is illustrated are supposed by some to have been copied from drawings made originally by Columbus himself. They give remarkable representations of the admiral's own caravel, of his first landing on Hayti and meeting with the natives, and of the different islands which he visited.

This copy, which was rebound in red morocco by Thompson, the English bookbinder, apparently about sixty or seventy years ago, once belonged to Richard Heber, the celebrated bibliophile. At the sale of the final portion of his library at Paris, in October, 1836, it appeared as No. 885 of the catalogue, selling for ninety-seven francs.[1] It was subsequently owned by M. Guglielmo Libri, at the sale of whose library at London, in February, 1849, No. 259 of the catalogue, it was purchased by Mr. Lenox.[2]

The three other editions referred to have no pictorial illustrations, but they contain some slight variations. It is not known with certainty which of these is the first. In the Appendix all four editions are reprinted

---

[1] The Heber copy is thus described in Brunet's *Manuel du Libraire* (Paris, 1842), Vol. I., p. 734, second column: "Le recto du prem. f. porte les mots *Regnū Hispanie*, avec les armes de Castille: au verso se voit une planche en bois *(Oceana classis)*. Au 2ᵉ f. commence *De Insulis inuentis*. *Epistola Christof. Colon.*, traduction datée *Kl. maii M. cccc. xciij*, et où sont placées quatre vignettes en bois. Le dern. f. contient, au recto, une figure représentant Ferdinand, roi d'Espagne, et au verso le mot *Granata*, avec les armes de cette ville."

[2] Three imperfect copies are known: one in the Royal Library at Munich, lacking the first and tenth leaves; a second in the Public Library at Basle, also lacking the first and tenth leaves; and a third in the Library of the British Museum (Grenville Collection), lacking the tenth leaf. The defect of the last-mentioned copy has been supplied by a facsimile leaf, presented by Mr. Lenox in 1859. There was a copy in the Brera Library at Milan, which is said to have been stolen early in the present century. As described by Bossi in his *Vita di Cristoforo Colombo* (Milano, 1818), p. 171, the ten lines of the title and the epigram at the end were ruled with red ink, the text began with an illuminated initial Q, and it lacked the tenth leaf. These peculiarities are all found in the Grenville copy of the British Museum. The statement in the reprint of *Nicolaus Syllacius* (New York, 1859), that in the title of the Lenox copy "each line has been underruled with red ink," is not correct. Only the top line has been so ruled.

side by side in ordinary type, with the abbreviations of the originals spelled out in full, in italics.

The memorable voyage which this letter describes lasted two hundred and twenty-four days, from the 3d of August, 1492, when Columbus sailed from the harbor of Palos on the southern coast of Spain, with three small caravels and about ninety men, to the 15th of March, 1493, when he returned in a single vessel to the same port. Nine days after leaving Palos he reached the Canary Islands, where he remained until the 6th of September, taking in provisions and making other preparations. On the 8th, after lying becalmed for two days, he left these islands, and steered his way directly across the Atlantic, with the expectation of reaching India or China. On the morning of Friday, the 12th of October, corresponding to the present 21st of October, he came in sight of one of the Bahama islands, where he landed and took possession in the names of the Spanish sovereigns. On the 15th he visited another island, which he named Santa Maria de la Concepcion; on the following day he reached the island Fernandina; and on the 19th, Isabella. Supposing that he was in the neighborhood of Cipango or Japan, he sailed toward the south, and on the 28th of October landed on Cuba, which he named Juana. Here he remained, exploring the northeast coast, until

December 5th, when he sailed over to Hayti, called by him Española. After exploring the northern shore of this island, where he lost his own vessel by shipwreck on the 24th, he sailed in the Niña for Spain on the 16th of January, 1493, reaching the Azores on the 18th of February, Lisbon on the 4th of March, and Palos on the 15th of the same month.

The news of these discoveries was soon spread far and wide. Various editions and translations were printed of Columbus's letter to the royal treasurer and secretary of the exchequer. Only a few of these, however, have come down to our times, and they are reckoned among the rarest and most expensive of books. The following list includes all that were printed in the fifteenth century, so far as known:

(1) The original folio edition in Spanish, of which the only known copy is in the Lenox Library. It was discovered in Spain in 1890, first offered for sale by Maisonneuve of Paris, and afterwards by Quaritch of London. It is complete in two leaves or four pages, addressed to the "Escribano de Racion," Luis de Santangel, and was evidently printed at Barcelona in April, 1493. Probably it is the oldest edition extant.

(2) The quarto edition in Spanish, also addressed to the "Escribano de Racion," and containing four leaves or eight pages. This was probably printed in

Spain, in 1493. The only known copy was discovered about thirty years ago in the Biblioteca Ambrosiana at Milan. A facsimile by photozincography, made from an inaccurate hand-tracing of this copy, was published at Milan in 1866, and from this facsimile two recent forgeries seem to have been copied.

(3) The edition in Latin with King Ferdinand's name alone in the title, described by Mr. Harrisse as No. 1 of his list, and by Mr. Major as No. 3. It is in four leaves or eight pages, and is supposed to have been printed at Rome by Stephen Plannck, in 1493. A reprint is given in the Appendix, from the original in the Lenox Library.

(4) The edition in Latin with the names of Ferdinand and Isabella in the title, described by Mr. Harrisse as No. 4, and by Mr. Major as No. 1, of their respective lists. It is otherwise almost identical with the preceding, page for page and line for line, and probably was printed at Rome by Plannck, in 1493. The reprint in the Appendix is from the original in the Lenox Library.

(5) The edition in Latin printed at Rome by Eucharius Argenteus, or Silber, in 1493, and supposed by Varnhagen to be the first edition. It is complete in three leaves or six pages, and is reprinted in the Appendix from the original in the Lenox Library.

(6) The pictorial edition in Latin, reproduced here in facsimile from the unique copy in the Lenox Library, and described at the beginning of this introduction. As the same woodcuts appear in a reprint appended to the drama of Carolus Verardus, published by Bergmann de Olpe at Basle in 1494, it is supposed that this edition was also printed at Basle, by the same printer, in 1493.

(7) The edition in Latin entitled *Epistola de insulis repertis de nouo*, printed at Paris by Guyot Marchand, probably in 1493. It is in four leaves or eight pages, and contains only the name of Ferdinand in the title. The only known copy was discovered in 1873, in the Royal Library at Turin.

(8) The edition in Latin entitled *Epistola de insulis de nouo repertis*, printed at Paris by Guyot Marchand, in 1493 or 1494. It is evidently a reprint of the preceding, with which it agrees in the number of the leaves, and in containing only the name of King Ferdinand in the title. Only two copies are known, one in the John Carter Brown Library at Providence, R. I., and the other in the National Library at Paris. A facsimile is in the Lenox Library.

(9) The edition in Latin entitled *Epistola de insulis nouiter repertis*, printed at Paris by Guyot Marchand, in 1493 or 1494. It is also in four leaves, and agrees

closely with the two preceding. Two copies only are known, one in the Bodleian Library at Oxford, the other in the University Library at Göttingen. A facsimile is in the Lenox Library.

(10) The edition in Latin beginning *Epistola Cristophori Colom*, supposed to have been printed at Antwerp by Thierry Martens, in 1493 or 1494. It contains only the name of Ferdinand in the title, and is in four leaves. The only known copy is in the Royal Library at Brussels.

(11) The pictorial edition in Latin appended to the drama of Verardus, published by Bergmann de Olpe at Basle in 1494. It is evidently a reprint of the separate pictorial edition, already described. There is a copy in the Lenox Library.

(12) The edition in Italian verse entitled *Questa e la hystoria della inuentiõe delle diese Isole di Cannaria Indiane*, printed at Florence on the 25th of October, 1493, in four leaves. The only known copy, lacking the second and third leaves, is in the library of the British Museum. It was purchased in 1858. A facsimile is in the Lenox Library. This edition and the three following are nearly alike in contents. The version was made by Giuliano Dati.

(13) The edition in Italian verse entitled *La lettera dellisole che ha trouato nuouamente il Re dispagna*,

printed at Florence on the 26th of October, 1493. It is another edition of the preceding. The only known copy, complete in four leaves, is in the library of the British Museum. It was purchased in 1847. A facsimile is in the Lenox Library.

(14) The edition in Italian verse entitled *Isole Trouate Nouamente Per El Re di Spagna*, printed at Florence, and dated 26th of October, 1495. It is in four leaves. The only known copy is in the Biblioteca Trivulziana at Milan.

(15) The edition in Italian verse entitled *La lettera dellisole che ha trouato nuouamente el Re dispagna*, printed at Florence, and dated 26th of October, 1495. The only known copy, complete in four leaves, is in a private library in New-York.

(16) The edition in German printed at Strasburg by Bartholomew Küstler, in 1497, in seven leaves. There is a copy in the Lenox Library.

Besides the printed editions mentioned above, there are extant several manuscript copies in Spanish. One in the Archives of Simancas, addressed to the "Escribano de Racion," was printed by Navarrete in his *Coleccion de Viages* (Madrid, 1825), Vol. I, pp. 167–175. It is also described, and an English synopsis given, by G. A. Bergenroth, in the *Calendar of Letters, Despatches, and State Papers, relating to the Negotiations between England and Spain* (London, 1862), Vol. I, pp. 43-48. Another manuscript, in Spanish, addressed to Don Gabriel Sanchez, was discovered by Varnhagen in the Colegio Mayor at Cuenca, and published by him at Valencia in 1858. Columbus also made a full report of his voyage in the form of a diary, which he sent to the Spanish sovereigns. The original of this has not been found, but an abridgment, or synopsis, made by Bartolome de Las Casas, is extant, and has been printed in Navarrete's *Coleccion*. The transcript of this manuscript which was probably used by Muñoz and Navarrete is now in the Lenox Library. An English translation of this "Personal Narrative," made by Samuel Kettell, was printed at Boston in 1827.

WILBERFORCE EAMES,
Assistant Librarian.

LENOX LIBRARY, October 21, 1892.

FACSIMILE OF THE LETTER OF COLUMBUS.

Regnū hyspanie.

x

Oceanica Classis

De Insulis inuentis

Epistola Cristoferi Colom (cui etas nostra multũ debet: de Insulis in mari Indico nup inuẽtis. Ad quas perquirendas octauo antea mense: auspicijs et ere Inuictissimi Fernandi Hispaniarum Regis missus fuerat) ad Magnificum dñm Raphaelez Sanxis: eiusdẽ serenissimi Regis Thesaurariũ missa. quam nobilis ac litterat9 vir Aliander d Cosco: ab Hispano ydeomate in latinũ conuertit: tercio kl's Maij. M.cccc.xciij. Pontificatus Alexandri Sexti Anno Primo.

Q̃oniam suscepte prouintie rem pfectam me psecutum fuisse: gratũ tibi fore scio: has pstitui exarare: que te vniuscuiusq̃ rei in hoc nostro itinere geste inuenteq̃ admoneãt. Tricesimotertio die postq̃ Gadibus discessi: in mare Indicũ perueni: vbi plurimas Insulas innumeris habitatas hominib9 repperi: quaz oĩm p felicissimo Rege nostro: p̃cconio celebrato z vexillis extensis: cõtradicente nemine possessionẽ accepi. p̃imeq̃ earum: diui Saluatoris nomen imposui (cuius fret9 auxilio) tam ad hãc q̃ ad ceteras alias puenim9. Eam vero Indi

Guanahanyn vocant. Aliaȝ etiã vnã quãcȝ nouo nomine nuncupaui. Quippe aliam Insulam Sancte Marie Cóceptiõis. aliam Fernãdinam. aliaȝ Hyſabellam. aliã Johanam. ⁊ ſic de reliquis appellari iuſſi. Quãprimũ ĩ eã Inſulam quã dudũ Johanam vocari dixi appulimus:iuxta eiꝰ littus occidentẽ verſus aliquãtulum proceſſi:tamcȝ eam magnã nullo reperto fine inueni: vt non inſulam:ſed cõtinentem Chatay prouinciã eſſe crediderim:nulla tamẽ vidēs oppida municipiaue in maritimis ſita cõfinibus:preter aliquos vicos⁊ predia ruſtica: cum quorũ incolis loqui nequibam:quare ſimul ac nos videbant ſurripiebãt fugam. Progrediebar vltra:exiſtimans aliquam me vrbẽ villaſue inuenturum. Denicȝ videns ꝙ longe admodum pgreſſis: nihil noui emergebat:et huiuſmodi via nos ad Septentrionem deferebat:ꝗ ipſe fugere exoptabam:terris etenim regnabat bruma:ad auſtrumcȝ erat in voto cõtendere:nec minus venti flagitantibus ſuccedebãt. Coſtitui alios nõ operiri ſucceſſus:et ſic retrocedens ad portum quendaȝ quem ſignaueram ſum reuerſus:vnde duos hoies ex noſtris in terram miſi. qui inueſtigarent:eſſet ne Rex in ea prouincia/vrbeſue alique. Hi ꝑ

tres dies ambularūt: inuenerūt ǭ innumeros populos τ habitatōes: paruas tñ et absq̃ vllo regimine: quapropt redierūt. Interea ego iā intellexerā a q̃buſdam Indis: quos ibidē ſuſceperā: quō hmōi prouincia: inſula quidem erat. τ ſic perrexi oriētē verſus: et ꝑ ſemp ſtringens littora vſq̃ ad miliaria .cccxxij. vbi ipſi° inſule ſunt extrema. hinc aliā inſulā ad orientem proſpexi: diſtantem ab hac Johana miliaribus .liiij. quā protinus Hiſpanam dixi: in eā q̃ cōceſſi: τ direxi iter quaſi p Septentrionez queādmodū in Johana ad orientem: miliaria dlxiiij. que dicta Johana τ alie ibidem iuſule ǭ fertiliſſime exiſtunt. Hec multis atq̃ tutiſſimis τ latis: nec alijs quos vnq̃ viderim cōparandis portib°: eſt circūdata. multi maximi τ ſalubres hanc interfluūt fluuij. multi quoq̃ et eminētiſſimi in ea ſunt montes. Oēs hc inſule ſunt pulcerrime τ varijs diſtincte figuris: peruie: τ maxima arboꝝ varietate ſidera lambentiū plene: q̃s nūq̃ folijs priuari credo: quippe vidi eas ita virētes atq̃ decoras: ceu mēſe Maio i hiſpania ſolēt ee: q̃ꝝ alie florētes: alie fructuoſe: alie i alio ſtatu: ſm vniuſcuiuſq̃ q̃litatē vigebāt: garriebat philomena: τ alij paſſeres varij ac inun. eri: mēſe Nouēbris q̃ iꝑe per eas deambulabā. Sunt p̃terea in dicta inſula

iij

Johana septē vel octo palmaru genera: q̄ pce
ritate τ pulchritudie (queadmodū cetere oēs
arbores/herbe/fructusq̄)nr̄as facile exuperāt
Sūt τ mirabiles pinꝰ/agri/τ prata vastissima/
varie aues/varie mella/variaq̄ metalla:ferro
excepto. In ea aūt quā Hispanā supra diximꝰ
nūcupari: maximi sunt mōtes ac pulcri:vasta
rura/nemora/campi feracissimi/seri/pacisq̄ τ
cōdendis edificijs aptissimi. Portuū in hac in
sula cōmoditas: τ p̄stantia fluminū copia salu
britate admixta hoim:q̄ nisi quis viderit: cre-
dulitatē supat. Huius arbores pascua τ fructꝰ
multum ab illis Johane differūt. Hec preterea
Hispana diuerso aromatis genere/auro/me-
tallisq̄ abundat. cuiꝰ quidē τ oim aliaru quas
ego vidi: τ quaru cognitionē habeo:icole vtri
usq̄ sexus nudi semp incedūt: queadmodum
edunt in lucem.preter aliquas feminas. q̄ folio frondeue aliq̄: aut bombicino velo: pudē-
da operiūt:qd ipe sibi ad id negocij parāt. Ca
rent hi omes (vt supra dixi) quocunq̄ genere
ferri. carent τ armis: vtpote sibi ignotis nec ad
ea sūt apti. nō ppt corpis deformitatē (cū sint
bn̄ formati) sz qr sūt timidi ac pleni formidine.
gestāt tn̄ p armis arūdines sole pustas:i quaru
radicibꝰ hastile q̄ddā ligneū siccū τ in mucro
nē attenuatū figūt:neq̄ his audēt iugit ṽti:nā

Oceanica Classis

sepe euenit cū miserim duos vel tris homines
ex meis ad aliquas villas: vt cū eaꝝ loquerē-
tur incolis: exijsse agmē glomeratū ex Indis:
et ybi nostros appropinquare videbāt: fugam
celeriter arripuisse: desp̄zetis a patre liberis ⁊
ecōtra. ⁊ hoc nō ꝙ cuipiam eorū damnū aliqd̄
vel iniuria illata fuerit: immo ad quoscūꝙ ap
puli ⁊ qbus cū verbū facere potui: quicqd ha
bebā sum elargitꝰ: pannū aliaꝙ pmulta: nulla
mihi facta versura: sed sunt natura pauidi ac
timidi. Ceteꝝ vbi se cernūt tutos: oī metu re
pulso: sunt ad modū simplices ac bone fidei: ⁊
in oībus que habent liberalissimi: roganti ꝙ
possidet inficiaꞃ nemo: quin ipsi nos ad id po-
scendum inuitāt. Maximū erga oēs amorē p̄-
seferūt: dāt queꝙ magna ꝓ paruis. minima lꝫ
re nihilouc ꝓrenti: ego attn̄ phibui ne tam mi
nima ⁊ nulliꝰ p̄cij hisce darenꞇ: vt sunt lancis/
parapsidū / vitriꝙ fragmēta / jtez claui / ligule/
quanꝙ si hoc poterāt adipisci: videbaꞇ eis pul
cerrima mūdi possidere iocalia. Accidit enim
quēdam nauitā: tantū auri pondus habuisse
ꝓ vna ligula: quāti sūt tres aurei solidi: ⁊ sic
alios ꝓ alijs miozis p̄cij: p̄ꝼtim ꝓ blanquis no
uis: ⁊ qbusdā nūmis aureis: ꝓ qbꝰ habēdis da
bāt qcqd petebat vēditoꞃ: puta vnciā cū dimi
dia ⁊ duas auri: vl' trigita ⁊ q̄dragita bombid

pondo:quã ipi iã nouerãt. ité arcuum/ampho
re/hydrie/dolijcp fragmēta:bombice z auro tã
cp bestie cōparabãt. qd quia iniquũ sane erat:
vetui:dedicp eis multa pulcra z grata q̃ mecũ
tulerã nullo itcruentēte p̃mio:vt eos mihi fa
cili9 pciliarē:fierētcp xp̃icole:z vt sint proni in
amorē erga Regē Reginã principescp nostros
et vniuersas gētes Hispanie:ac studeãt pq̃re
re z coaceruare:eacp nobis tradere qb9 ipi af
fluũt z nos magnope idigem9. Nullã hij norũt
ydolatriã:imo firmissime credũt oēz vim: oēz
potētiã:oia dēnicp bona esse i celo:mecp inde
cũ his nauib9 z nautis descēdisse:atz h aio vbi
fui susceptus postcp metũ repulerãt. Nec sunt
segnes aut rudes:quin summi ac pspicacis in
genij:z hoīes qui transfretãt mare illd:nõ sine
admiratiõe vniuscuiuscp rei rationē reddunt:
sed nũcp viderunt gentes vestitas:necp naues
hmõi Ego statim atcp ad mare illd pueni:e pri
ma insula quosdã Indos violenter arripui: q̃
ediscerēt a nobis:z nos piter docerent ea:q̃ z
ipsi in hisce partibus cognitionē habebant. et
ex voto successit:nã breui nos ipos:z hij nos:
tum gestu ac signis:tum verbis intellexerunt.
magnocp nobis fuere emolumēto. veniunt mõ
mecũ tñ qui semp putant me desiluisse e celo
q̃uis diu nobiscũ versati fuerint hodiecp ver

senk. τ hi erant primi: q̃ id quocũq; appellaba
mus nunciabāt:alij deinceps alijs elata voce
dicētes. Uenite venite τ videbitis gētes ethe
reas. Quāobrē tā femie q̃ viri: tā impuberes
q̃ adulti:tam iuuenes q̃ senes: ōposita formi
dine paulo ante ↄcepta:nos certatim visebāt
magna iter stipāte caterua alijs cibũ/ alijs po
tum afferentibꝰ:maxio cũ amore ac beniuolē
tia incredibili. Habz vnaqueq; insula multas
scaphas solidi ligni:τ si angustas:longitudine
tñ ac forma nostris biremibꝰ similes:cursu aũt
velociores. Regunt remis tantũmodo. Harũ
quedā sunt magne:quedā parue:quedā i me
dio ↄsistunt. Plures tamē biremi que remigēt
duodeuiginti transtris maiores:cũ qbꝰ in oēs
illas insulas:que innumere sunt:traijcit. cũ q;
his suā mercaturā exercēt:et inter eos comer
tia fiunt. Aliquas ego harũ biremium seu sca
pharũ:vidi q̃ vehebāt septuaginta τ octuagin
ta remiges. In omnibꝰ his insulis nulla est di
uersitas inter gentis effigies.nulla in moribus
atq; loquela:quin oēs se intelligũt adinuicē:
que res ꝑutilis est ad id q̃ serenissimũ Regē
nostrũ exoptare precipue reor:scz eoꝝ ad san
ctam xp̃i fidem ↄuersionē.cui quidē quantum
ĩtelligere potui facilimi sunt τ pni. Dixi quē

admodū sum p̄gressus antea insulā Johanaz p̄ rectū tramitez occasus in orientem miliaria cccxxij. ꝼm quā viā τ intuallū itineris possum dicere hāc Johanā esse maiorē Anglia τ Scotia sīl̃: nanqʒ vltra dicta. cccxxij. passuū milia: in ea p̄te q̄ ad occidentē p̄spectat: due: quas non petij: sup̄ sunt p̄uincie: quax̄ alterā Indi Anan vocāt: cui⁹ accole caudati nascunt̄. Tē dunt̄ in longitudinem ad miliaria. clxxx. vt ab his q̄s vebo mecū Indis p̄cepi: qui om̄is has callēt insulas. Hispane vero ambit⁹ maior est tota Hispania a cologna vsqʒ ad fontē rabidū Hincqʒ facile arguit̄ q̄ quartū ei⁹ lat⁹ q̄d ip̄e p̄ rectā lineā occidentis in orientē traicci: mili aria p̄tinet. dxl. Hec insula ē affectāda τ affectata nō sp̄rnēda in qua τ si aliax̄ oīm vt dixi p̄ inuictissimo Rege nr̄o solenniter possessionem accepi: earūqʒ imperiū dicto Regi penitus cōmittit̄: ī oportuniori tn̄ loco: atqʒ om̄i lucro τ cōmertio p̄decenti: cuiusdā magneuille: cui Natiuitatis dn̄i nomē dedim⁹: possessionē peculiariter accepi. ibiqʒ arcem quandaz erigere extemplo iussi: que modo iam debet esse pacta: in quā hoīes qui necessarij sunt visi: cū om̄i armox̄ genere: τ vltra annū victu oportuno reliq̄. Itē quādā carauellā: τ p̄ alijs p̄struē dis tā ī hac arte q̄ in ceterꝭ peritos: ac eiusdē

insule Regis erga nos beniuolentiā τ familia
ritatē incredibilē. Sūt eī gētes ille amabiles
admodū τ benigne: eo q̄ Rex p̄dictus me fra
trem suum dici gloriabat̄. Et si animū reuoca
rent: τ his q̄ ī arce manserūt nocere velint: ne
queūt: quia armis carēt: nudi īcedūt: τ nimiū
timidi. ideo dictā arcem tenētes: dū taxat p̄nt
totā eā insulā nullo sibi imminente discrimine
(dūmodo leges quas dedim⁹ ac regimē nō ex
cedāt) facile detinere. In oīnib⁹ his insulis vt
intellexi: quisq̄ vni tm̄ ɔiugi acquiescit: p̄ter
principes aut reges: q̄bus viginti habere licz.
Femine magis q̄ viri laborare vident̄: nec be
ne potui intelligere an habeāt bona ꝓpria: vi
di eī. q̄d vn⁹ habebat alijs īpartiri: p̄ƒtim da
pes/ obsonia/ τ hmōi. Nullū apd̄ eos monstr̄
reperi: vt pleriq̄ existimabant: sed hoīes magne reuerētie atq̄ benignos. Nec sunt nigri ve
lut ethiopes. habēt crines planos ac demissos
nō degunt vbi radiorū solaris emicat calor. p
magna nāq̄ hic est solis vehementia: ppterea
q̄ ab eq̄noctiali linea distat. vbi videtur/gra-
dus sex τ viginti Ex montiū cacuminib⁹ ma
ximū q̄ viget frig⁹: sz id q̄dem moderant̄ Indi: tū loci ɔsuetudie: tū rex calidissimar̄ q̄b⁹
frequēter τ luxuriose vescunt̄ presidio. Itaq̄
mōstra aliq̄ nō vidi: neq̄ eor̄ alicubi habui co

gnitionem: excepta quadaz insula Charis nũ-
cupata: que secunda ex Hispana in Indiam
transfretantibus existit. quam gens quedam a
finitimis habita ferocior incolit'. hi carne hu-
mana vescunt. Habent predicti biremiũ gene
ra plurima: quibus in omnes Indicas insulas
trayciunt/depredãt/surripiũtq; quecũq; pñt.
Nihil ab alijs differunt nisi q̃ gerunt more fe-
mineo longos crines. vtunt arcub⁹ et spiculis
arundineis: fixis (vt dixim⁹) in grossiori pte at
tenuatis hastilib⁹. ideoq; habẽt feroces: qua-
re ceteri Indi inexhausto metu plectuntur: sz
hos ego nihili facio plus q̃ alios. Hi sunt qui
coeunt cum quibusdam feminis: que sole insu
lam Mateunin primã ex Hispana in Indiam
traycientib⁹ habitant. He autẽ femine nulluz
sui sexus opus exercent: vtunt eñi arcub⁹ z spi
cul' sicuti o cax̃ ɔiugib⁹ dixi muniũt: sese lami
nis eneis q̃x̃ maxia apõ eas copia existit. Ali
am mihi insulã affirmant supradicta Hispana
maiorẽ: ei⁹ incole carẽt pilis. auroq; int' alias
potissimũ exuberat. Hui⁹ insule z aliax̃ q̃s vi
di hoïes mecũ porto: q̃ hox̃ q̃ dixi testimoniũ
phibẽt. Deniq; vt nñi discessus et celeris reuer
siõis cõpẽdiũ: ac emolumẽtũ breuib⁹ astringã
ħ polliceor: me nris Regib⁹ inuictissimis quo
x̃ fultũ auxilio: tantũ auri datux̃ quantum

eis fuerit opus. tm̄ vero aromatuz. bombicis.
masticis(q̄ apud Chium dūtaxat inuenit)tan
tūq̄ ligni aloes. tantum fuoȝ hydrophilato-
rum: quantū eoȝ maiestas voluerit exigere.
Item reubarbarū ⁊ alia aromatuz genera: q̄ hi
quos in dicta arce reliqui iā inueniſſe: atq̄ in-
uenturos existimo. quidem ego nullibi magis sum moratus nisi quantū me coegerūt vē-
ti: preterq̄ in villa Natiuitatis: dū arcem con-
dere ⁊ tuta oīa esse prouidi. Que ⁊ si maxi-
et inaudita sunt: multo tamē maiora forent si
naues mihi vt ratio exigit subueniſſent. Veȝ
multū ac mirabile hoc: nec nostris meritis cor
respondēs: sed sancte Christiane fidei: nostro-
rumq̄ Regū pietati ac religioni: quia qd̄ hu-
manus cōsequi nō poterat intellectus: id hūa-
nis conceſſit diuinus. Solet em̄ deus suos suos: quiq̄ sua p̄cepta diligūt: etiā ī impossibili-
bus exaudire: vt nobis ī p̄ntia ꝯtigit: q̄ ea p̄se
cuti sumᵒ: q̄ hactenᵒ mortaliū vires mime atti
gerāt. nā si haȝ insulaȝ q̄piā aliq̄d scp̄sert aut
locuti sūt: oēs p ambages ⁊ ꝓiecturas nemo se
eas vidiſſe aſſerit: vn̄ ꝑpe videbat̄ fabula Igi-
tur Rex ⁊ Regia p̄ncipes ac eoȝ regna feliciſ-
ſima: cūcteq̄ alie Christianoȝ puincie Salua-
tori dn̄o nr̄o Jesu xp̄o agamᵒ gr̄as: q̄ tāta nos
victoria muncreq̄ donauit: celebrēt̄ p̄ceſſiōes

peragant solennia sacra. festaq̃ fronde velent
delubra. Exultet Christ⁹ in terris: queadmodū
in celis exultat: cum tot populorū pditas añ
hac animas saluatum iri preuidet. Letemur τ
nos: tū ppter exaltationē nostre fidei. tum p-
pter rerū temporaliū incremēta: quoᵹ nō solū
Hispania sed vniuersa Christianitas est futu-
ra priceps. Hec vt gesta sunt sic breuiter enar-
rata. Vale. Vlisbone pridie ydus Marcij.

Cristofor⁹ Colom Oceane classis Prefect⁹.

 Epigrama. R. L. de Corbaria Episcopi
 Montispalusij
  Ad Inuictissimū Regē Hispaniaᵹ

Jam nulla Hispanis tellus addēda triūphis:
Atq̃ parum tantis virib⁹, orbis erat.
Nunc longe Eois regio deprensa sub vndis.
Auctura est titulos Betice magne tuos.
Vnde repertori merito referenda Colūbo
Gratia: sz summo est maior habēda deo:
Qui vincēda parat noua regna tibiq̃ sibiq̃:
Teq̃ simul fortem prestat τ esse pium.

Fernādº rex hyspania

Granata:

TRANSLATION.

THE DISCOVERED ISLANDS.

Letter of Christopher Columbus, to whom our age owes much, concerning the islands recently discovered in the Indian sea.[1] For the search of which, eight months before, he was sent under the auspices and at the cost of the most invincible Ferdinand, king of Spain.[2] Addressed to the magnificent lord Raphael Sanxis,[3] treasurer of the same most illustrious king, and which the noble and learned man Leander de Cosco has translated from the Spanish language into Latin, on the third of the kalends of May,[4] 1493, the first year of the pontificate of Alexander the Sixth.

BECAUSE my undertakings have attained success, I know that it will be pleasing to you: these I have determined to relate, so that you may be made acquainted with everything done and discovered in this our voyage. On the thirty-third day after I departed from Cadiz,[5] I came to the Indian sea, where I found many islands inhabited by

---

[1] In the other editions this part of the sentence reads: "concerning the islands of India beyond the Ganges, recently discovered."

[2] The name of Isabella (Helisabet) is also omitted in the title of one of Plannck's editions; it is found in the two other Roman editions.

[3] The correct form is Gabriel Sanchez.

[4] April 29th.

[5] A mistake of the Latin translator. Columbus sailed from Palos on the 3d of August, 1492; on the 8th of September he left the Canaries, and on the 11th of October, or thirty-three days later, he reached the Bahamas.

men without number, of all which I took possession for our most fortunate king, with proclaiming heralds and flying standards, no one objecting. To the first of these I gave the name of the blessed Saviour,[1] on whose aid relying I had reached this as well as the other islands. But the Indians call it Guanahany. I also called each one of the others by a new name. For I ordered one island to be called Santa Maria of the Conception,[2] another Fernandina,[3] another Isabella,[4] another Juana,[5] and so on with the rest. As soon as we had arrived at that island which I have just now said was called Juana, I proceeded along its coast towards the west for some distance; I found it so large and without perceptible end, that I believed it to be not an island, but the continental country of Cathay;[6] seeing, however, no towns or cities situated on the sea-coast, but only some villages and rude farms, with whose inhabitants I was unable to converse, because as soon as they saw us they took flight. I proceeded farther, thinking that I would discover some city or large residences. At length, perceiving that we had gone far enough, that nothing new appeared, and that this way was leading us to the north, which I wished to avoid, because it was winter

---

[1] In Spanish, San Salvador, one of the Bahama islands. It has been variously identified with Grand Turk, Cat, Watling, Mariguana, Samana, and Acklin islands. Watling's Island seems to have much in its favor.
[2] Perhaps Crooked Island, or, according to others, North Caico.
[3] Identified by some with Long Island; by others with Little Inagua.
[4] Identified variously with Fortune Island and Great Inagua.
[5] The island of Cuba.
[6] China.

on the land, and it was my intention to go to the south, moreover the winds were becoming violent, I therefore determined that no other plans were practicable, and so, going back, I returned to a certain bay that I had noticed, from which I sent two of our men to the land, that they might find out whether there was a king in this country, or any cities. These men traveled for three days, and they found people and houses without number, but they were small and without any government, therefore they returned. Now in the meantime I had learned from certain Indians, whom I had seized there, that this country was indeed an island, and therefore I proceeded towards the east, keeping all the time near the coast, for 322 miles, to the extreme ends of this island. From this place I saw another island to the east, distant from this Juana 54 miles, which I called forthwith Hispana;[1] and I sailed to it; and I steered along the northern coast, as at Juana, towards the east, 564 miles. And the said Juana and the other islands there appear very fertile. This island is surrounded by many very safe and wide harbors, not excelled by any others that I have ever seen. Many great and salubrious rivers flow through it. There are also many very high mountains there. All these islands are very beautiful, and distinguished by various qualities; they are accessible, and full of a great variety of trees stretching up to the stars; the leaves of which I believe are never shed, for I saw them as green and flourishing as they are usually in Spain

---

[1] Hispaniola, or Hayti.

in the month of May; some of them were blossoming, some were bearing fruit, some were in other conditions; each one was thriving in its own way. The nightingale and various other birds without number were singing, in the month of November, when I was exploring them. There are besides in the said island Juana seven or eight kinds of palm trees, which far excel ours in height and beauty, just as all the other trees, herbs, and fruits do. There are also excellent pine trees, vast plains and meadows, a variety of birds, a variety of honey, and a variety of metals, excepting iron. In the one which was called Hispana, as we said above, there are great and beautiful mountains, vast fields, groves, fertile plains, very suitable for planting and cultivating, and for the building of houses. The convenience of the harbors in this island, and the remarkable number of rivers contributing to the healthfulness of man, exceed belief, unless one has seen them. The trees, pasturage, and fruits of this island differ greatly from those of Juana. This Hispana, moreover, abounds in different kinds of spices, in gold, and in metals. On this island, indeed, and on all the others which I have seen, and of which I have knowledge, the inhabitants of both sexes go always naked, just as they came into the world, except some of the women, who use a covering of a leaf or some foliage, or a cotton cloth, which they make themselves for that purpose. All these people lack, as I said above, every kind of iron; they are also without weapons, which indeed are unknown; nor are they competent to use them, not on account of deformity of body, for they are well formed, but because they are timid and full of fear. They carry for weapons, however, reeds baked in the sun, on the lower ends of which they fasten some shafts of dried wood rubbed down to a point; and indeed they do not venture to use these always; for it frequently happened when I sent two or three of my men to some of the villages, that they might speak with the natives, a compact troop of the Indians would march out, and as soon as they saw our men approaching, they would quickly take flight, children being pushed aside by their fathers, and fathers by their children. And this was not because any hurt or injury had been inflicted on any one of them, for to every one whom I visited and with whom I was able to converse, I distributed whatever I had, cloth and many other things, no return being made to me; but they are by nature fearful and timid. Yet when they perceive that they are safe, putting aside all fear, they are of simple manners and trustworthy, and very liberal with everything they have, refusing no one who asks for anything they may possess, and even themselves inviting us to ask for things. They show greater love for all others than for themselves; they give valuable things for trifles, being satisfied even with a very small return, or with nothing; however, I forbade that things so small and of no value should be given to them, such as pieces of plates, dishes and glass, likewise keys and shoe-straps; although if they were able to obtain these, it seemed to them like getting the most beautiful jewels in the world. It happened, indeed, that a certain sailor obtained in exchange for a shoe-strap as much worth of gold as would equal three golden coins; and likewise other things for articles of very little value, especially for new silver coins, and for some gold coins, to obtain which they gave whatever the seller desired, as for instance an ounce and a half and two ounces of gold, or thirty and forty pounds of cotton, with which they were already acquainted. They also traded cotton and gold for pieces of bows, bottles, jugs and jars, like persons without reason, which I forbade because it was very wrong; and I gave to them many beautiful and pleasing things that I had brought with me, no value being taken in exchange, in order that I might the more easily make them friendly to me, that they might be made worshippers of Christ, and that they might be full of love towards our king, queen, and prince, and the whole Spanish nation; also that they might be zealous to search out and collect, and deliver to us those things of which they had plenty, and which we greatly needed. These people practice no kind of idolatry; on the contrary they firmly believe that all strength and power, and in fact all good things are in heaven, and that I had come down from thence with these ships and sailors; and in this belief I was received there after they had put aside fear. Nor are they slow or unskilled, but of excellent and acute understanding; and the men who have navigated that sea give an account of everything in an admirable manner; but they never saw people clothed, nor these kind of ships. As soon as I reached that sea, I seized by force several Indians on the first island, in order that they might learn from us, and in like manner tell us about those things in these lands of which they themselves had knowledge; and the plan succeeded, for in a short time we understood them and they us, sometimes by gestures and signs, sometimes by words; and it was a great advantage to us. They are coming with me now, yet always believing that I descended from heaven, although they have been living with us for a long time, and are living with us to-day. And these men were the first who announced it wherever we landed, continually proclaiming to the others in a loud voice, "Come, come, and you will see the celestial people." Whereupon both women and men, both children and adults, both young men and old men, laying aside the fear caused a little before, visited us eagerly, filling the road with a great crowd, some bringing food, and some drink, with great love and extraordinary goodwill. On every island there are many canoes of a single piece of wood; and though narrow, yet in length and shape similar to our row-boats, but swifter in movement. They steer only by oars. Some of these boats are large, some small, some of medium size. Yet they row many of the larger row-boats with eighteen cross-benches, with which they cross to all those islands, which are innumerable, and with these boats they perform their trading, and carry on commerce among them. I saw some of these row-boats or canoes which were carrying seventy and eighty rowers. In all these islands there is no difference in the appearance of the people, nor in the manners and language, but all understand each other mutually; a fact that is very important for the end which I suppose to be earnestly desired by our most illustrious king, that is, their conversion to the holy religion of Christ, to which in truth, as far as I can perceive, they are very ready and favorably inclined. I said before how I proceeded along the island Juana in a straight line from west to east 322 miles, according to which course and the length of the way, I am able to say that this Juana is larger than England and Scotland together; for besides the said 322 thousand paces, there are two more provinces in that part which lies towards the west, which I did not visit; one of these the Indians call Anan, whose inhabitants are born with tails. They extend to 180 miles in length, as I have learned from those Indians I have with me, who are all acquainted with these islands. But the circumference of Hispana is greater than all Spain from Colonia to Fontarabia.[1] This is easily proved, because its fourth side, which I myself passed along in a straight line from west to east, extends 540 miles. This island is to be desired and is very desirable, and not to be despised; in which, although as I have said, I solemnly took possession of all the others for our most invincible king, and their government is entirely committed to the said king, yet I especially took possession of a certain large town, in a very con-

[1] From Catalonia by the sea-coast to Fontarabia in Biscay.

venient location, and adapted to all kinds of gain and commerce, to which we give the name of our Lord of the Nativity. And I commanded a fort to be built there forthwith, which must be completed by this time; in which I left as many men as seemed necessary, with all kinds of arms, and plenty of food for more than a year. Likewise one caravel, and for the construction of others men skilled in this trade and in other professions; and also the extraordinary good will and friendship of the king of this island toward us. For those people are very amiable and kind, to such a degree that the said king gloried in calling me his brother. And if they should change their minds, and should wish to hurt those who remained in the fort, they would not be able, because they lack weapons, they go naked, and are too cowardly. For that reason those who hold the said fort are at least able to resist easily this whole island, without any imminent danger to themselves, so long as they do not transgress the regulations and command which we gave. In all these islands, as I have understood, each man is content with only one wife, except the princes or kings, who are permitted to have twenty. The women appear to work more than the men. I was not able to find out surely whether they have individual property, for I saw that one man had the duty of distributing to the others, especially refreshments, food, and things of that kind. I found no monstrosities among them, as very many supposed, but men of great reverence, and friendly. Nor are they black like the Ethiopians. They have straight hair, hanging down. They do not remain where the solar rays send out the heat, for the strength of the sun is very great here, because it is distant from the equinoctial line, as it seems, only twenty-six degrees. On the tops of the mountains too the cold is severe, but the Indians, however, moderate it, partly by being accustomed to the place, and partly by the help of very hot victuals, of which they eat frequently and immoderately. And so I did not see any monstrosity, nor did I have knowledge of them any where, excepting a certain island named Charis,[1] which is the second in passing from Hispana to India. This island is inhabited by a certain people who are considered very warlike by their neighbors. These eat human flesh. The said people have many kinds of row-boats, in which they cross over to all the other Indian islands, and seize and carry away every thing that they can. They differ in no way from the others, only that they wear long hair like the women. They use bows and darts made of reeds, with sharpened shafts fastened to the larger end, as we have described. On this account they are considered warlike, wherefore the other Indians are afflicted with continual fear, but I regard them as of no more account than the others. These are the people who visit certain women, who alone inhabit the island Mateunin,[2] which is the first in passing from Hispana to India. These women, moreover, perform no kind of work of their sex, for they use bows and darts, like those I have described

---

[1] Identified with Dominica.   [2] Supposed to be Martinique.

of their husbands; they protect themselves with sheets of copper, of which there is great abundance among them. They tell me of another island greater than the aforesaid Hispana, whose inhabitants are without hair, and which abounds in gold above all the others. I am bringing with me men of this island and of the others that I have seen, who give proof of the things that I have described. Finally, that I may compress in few words the brief account of our departure and quick return, and the gain, I promise this, that if I am supported by our most invincible sovereigns with a little of their help, as much gold can be supplied as they will need, indeed as much of spices, of cotton, of chewing gum (which is only found in Chios), also as much of aloes wood, and as many slaves for the navy, as their majesties will wish to demand. Likewise rhubarb and other kinds of spices, which I suppose these men whom I left in the said fort have already found, and will continue to find; since I remained in no place longer than the winds forced me, except in the town of the Nativity, while I provided for the building of the fort, and for the safety of all. Which things, although they are very great and remarkable, yet they would have been much greater, if I had been aided by as many ships as the occasion required. Truly great and wonderful is this, and not corresponding to our merits, but to the holy Christian religion, and to the piety and religion of our sovereigns, because what the human understanding could not attain, that the divine will has granted to human efforts. For God is wont to listen to his servants who love his precepts, even in impossibilities, as has happened to us on the present occasion, who have attained that which hitherto mortal men have never reached. For if any one has written or said any thing about these islands, it was all with obscurities and conjectures; no one claims that he had seen them; from which they seemed like fables. Therefore let the king and queen, the princes and their most fortunate kingdoms, and all other countries of Christendom give thanks to our Lord and Saviour Jesus Christ, who has bestowed upon us so great a victory and gift. Let religious processions be solemnized; let sacred festivals be given; let the churches be covered with festive garlands. Let Christ rejoice on earth, as he rejoices in heaven, when he foresees coming to salvation so many souls of people hitherto lost. Let us be glad also, as well on account of the exaltation of our faith, as on account of the increase of our temporal affairs, of which not only Spain, but universal Christendom will be partaker. These things that have been done are thus briefly related. Farewell. Lisbon, the day before the ides of March.[1]

Christopher Columbus, admiral of the Ocean fleet.

---

[1] March 14th, 1493.

Epigram of R. L. de Corbaria, bishop of Monte Peloso.

To the most invincible King of Spain.

No region now can add to Spain's great deeds:
    To such men all the world is yet too small.
An Orient land, found far beyond the waves,
    Will add, great Betica, to thy renown.
Then to Columbus, the true finder, give
    Due thanks; but greater still to God on high;
Who makes new kingdoms for himself and thee:
    Both firm and pious let thy conduct be.

THE EARLIEST FOUR EDITIONS IN LATIN OF THE FIRST LETTER OF COLUMBUS.

[THE ILLUSTRATED EDITION.]

[*Third page begins:*] De Infulis inuentis ||
Epiftola Criftoferi Colom (cui etas noftra || multum debet: de Infulis in mari Indico nuper || inuentis. Ad quas perquirendas octauo antea || menfe: aufpicijs et ere Inuictiffimi Fernandi || Hifpaniarum Regis miffus fuerat) ad Mag- || nificum dominum Raphaelem Sanxis: eiufdem fere- || niffimi Regis Thefaurarium miffa. quam nobi || lis ac litteratus vir Aliander de Cofco: ab Hif- || pano ydeomate in latinum conuertit: tercio kalendas || Maij. M. cccc. xciij. Pontificatus Alexandri || Sexti Anno Primo. ||

[PLANNCK'S "FERDINAND" EDITION.]

¶ Epiftola Chriftofori Colom: cui aetas noftra multum debet: de || Infulis Indiae fupra Gangem nuper inuentis. Ad quas perqui- || rendas octauo antea menfe aufpicijs et aere inuictiffimi Fernan- || di Hifpaniarum Regis miffus fuerat: ad Magnificum dominum Ra || phaelem Sanxis: eiufdem fereniffimi Regis Tefaurarium miffa: || quam nobilis ac litteratus vir Aliander de Cofco ab Hifpano || ideomate in latinum conuertit: tertio kalendas Maij. M. cccc xciij. || Pontificatus Alexandri Sexti Anno Primo. ||

[SILBER'S EDITION.]

¶ Epiftola Chriftofori Colom: cui etas noftra multum debet: de || Infulis Indie fupra Gangem nuper inue*n*tis. Ad quas perquiren || das octauo antea menfe aufpiciis *et* ere inuictiffimorum Fernandi || ac Helifabet Hifpaniar*um* Regu*m* miffus fuerat: ad Magnificu*m* d*o*m*i*n*u*m || Gabrielem Sanches: eorundem fereniffimorum Regum Tefau- || rariu*m* miffa: Qua*m* generofus ac litteratus vir Leander de Cofco ab || Hifpano idiomate in latinu*m* co*n*uertit: tertio Kalen*das* Maij. M. cccc. || xc. iij. Pontificatus Alexandri Sexti Anno Primo. ||

[PLANNCK'S "FERDINAND AND ISABELLA" EDITION.]

¶ Epiftola Chriftofori Colom: cui etas noftra multu*m* debet: de || Infulis Indie fupra Gangem nuper inue*n*tis. Ad quas perq*ui*ren- || das octauo antea menfe aufpiciis *et* ere inuictiffemor*um* Ferna*n*di *et* || Helifabet Hifpaniar*um* Regu*m* miffus fuerat: ad magnificum d*o*m*i*n*u*m || Gabrielem Sanchis eorunde*m* fereniffimor*um* Regum Tefaurariu*m* || miffa: qua*m* nobilis ac litteratus vir Leander de Cofco ab Hifpa || no idiomate in latinum co*n*uertit tertio kal*en*das Maii. M. cccc. xciii || Pontificatus Alexandri Sexti Anno primo. ||

[THE ILLUSTRATED EDITION.]

[Q] Uoniam fufcepte prouintie rem per- || fectam me co*n*fecutum fuiffe: gratu*m* ti || bi fore fcio: has co*n*ftitui exarare: que || te vniuf cuiufq*ue* rei in hoc noftro iti- || nere gefte inuenteq*ue* admonea*n*t. Tricefimoter || tio die poftq*uam* Gadibus difceffi: in mare Indi- || cu*m* perueni: vbi plurimas Infulas innumeris || habitatas hominib*us* repperi: quar*um* om*n*iu*m* p*ro* feli- || ciffimo Rege noftro: preconio celebrato *et* ve- || xillis extenfis: co*n*tradicente nemine poffeffio- || ne*m* accepi. primeq*ue* earum: diui Saluatoris no || men impofui (cuius fret*us* auxilio) tam ad ha*n*c || q*uam* ad ceteras alias p*er*uenim*us*. Eam vero Indi || [*Fifth page begins:*] Guanahanyn vocant. Aliar*um* etia*m* vna*m* quanq*ue* || nouo nomine nuncupaui.

[PLANNCK'S "FERDINAND" EDITION.]

Uoniam fufcept*ae* prouinti*ae* rem perfectam me co*n*fecutum || fuiffe gratum tibi fore fcio: has conftitui exarare: qu*ae* te || vniufcuiufq*ue* rei in hoc noftro itinere geft*ae* inuent*ae*q*ue* ad- || moneant: Tricefimotertio die poftq*uam* Gadibus difceffi in mare || Indicu*m* perueni: vbi plurimas infulas innumeris habitatas ho- || minibus repperi: quarum omnium pro foeliciffimo Rege noftro || pr*ae*conio celebrato *et* vexillis extenfis contradicente nemine pof- || feffionem accepi: primaeque earum diui Saluatoris nomen impo- || fui: cuius fretus auxilio tam ad hanc: quam ad caeteras alias perue- || nimus. Eam ve*r*o Indi Guanahanin vocant. Aliarum etia*m* vnam || quanq*ue* nouo nomine nuncupaui. Quippe alia*m* infu-

[SILBER'S EDITION.]

Uoniam fufcepte prouincie rem perfectam me confe || cutum fuiffe gratu*m* tibi fore fcio: has co*n*ftitui exarare || que te vniufcuiufq*ue* rei in hoc noftro itinere gefte i*n* || uenteq*ue* admoneant: Tricefimotertio die poftq*uam* Ga || dibus difceffi in mare Indicu*m* perueni: vbi plurimas || infulas innumeris habitatas hominibus repperi: quarum omni- || um pro foeliciffimo Rege noftro preconio celebrato *et* vexillis exte*n* || fis contradicente nemine poffeffionem accepi: primeq*ue* earum di- || ui Saluatoris nomen impofui: cuius fretus auxilio tam ad hanc: || q*uam* ad ceteras alias peruenimus. Eam vero Indi Guanahanin vo || cant. Aliarum etia*m* vnam quanq*ue* nouo nomine nuncupaui. Quip || pe alia*m* infulam Sancte Marie

---

[PLANNCK'S "FERDINAND AND ISABELLA" EDITION.]

Uoniam fufcepte prouintie rem perfectam me co*n*fecutum || fuiffe gratum tibi fore fcio: has conftitui exarare: que te || vniufcuiufq*ue* rei in hoc noftro itinere gefte inuenteq*ue* ad- || moneant: Tricefimotertio die poftq*uam* Gadibus difceffi in mare || Indicu*m* perueni: vbi plurimas infulas innumeris habitatas ho- || minibus repperi: quarum omnium pro feliciffimo Rege noftro || preconio celebrato *et* vexillis extenfis contradicente nemine pof- || feffionem accepi: primeq*ue* earum diui Saluatoris nomen impo- || fui: cuius fretus auxilio tam ad hanc: q*uam* ad ceteras alias perue- || nimus. Eam ve*r*o Indi Guanahanin vocant. Aliaru*m* etiam vnam || quanq*ue* nouo nomine nuncupaui: quippe alia*m* infulam Sancte || Marie Con

[THE ILLUSTRATED EDITION.]

Quippe aliam Infu || lam Sancte Marie Conceptionis. aliam Fernan- || dinam. aliam Hyfabellam. aliam Iohanam. et fic || de reliquis appellari iuffi. Quamprimum in eam In- || fulam quam dudum Iohanam vocari dixi appuli || mus: iuxta eius littus occidentem verfus aliquan- || tulum proceffi: tamque eam magnam nullo reper || to fine inueni: vt non infulam: fed continentem || Chatay prouinciam effe crediderim: nulla tamen || videns oppida municipiaue in maritimis fita con || finibus: preter aliquos vicos et predia ruftica: || cum quorum incolis loqui nequibam: quare fi- || mul ac nos videbant furripiebant fugam. Pro || grediebar vltra: exiftimans aliquam me vrbem || villafue inuenturum. Denique videns quod longe || admodum progreffis: nihil noui

---

[PLANNCK'S "FERDINAND" EDITION.]

lam Sanctae || Mariae Conceptionis. aliam Fernandinam. aliam Hyfabellam. || aliam Iohanam. et fic de reliquis appellari iuffi. Quamprimum || in eam infulam quam dudum Iohanam vocari dixi appulimus: iu || xta eius littus occidentem verfus aliquantulum proceffi: tamque || eam magnam nullo reperto fine inueni: vt non infulam: fed conti || nentem Chatai prouinciam effe crediderim: nulla tamen videns op- || pida municipiaue in maritimis fita confinibus praeter aliquos vi- || cos et predia ruftica: cum quorum incolis loqui nequibam. quare fi || mul ac nos videbant furripiebant fugam. Progrediebar vltra: || exiftimans aliquam me vrbem villafue inuenturum. Denique videns || quod longe admodum progreffis nihil noui emergebat: et

[SILBER'S EDITION.]

Conceptionis. alia*m* Fernandinam || alia*m* Hijfabellam. alima¹ Ioanam. *et* fic de reliquis appellari iuffi. || Cumprimum in eam Infulam quam dudum Ioana*m* vocari dixi || appulimus: iuxta eius littus occidentem verfus aliquantulu*m* p*r*ocef || fi: tamq*ue* eam magna*m* nullo reperto fine inueni: vt non infula*m*: fed || continentem Chatai prouinciam effe crediderim: nulla t*a*m*e*n videns || oppida municipiaue in maritimis fita confinib*us* preter aliquos vi || cos *et* predia ruftica: cum quor*um* incolis loqui nequiba*m* quare fimul || ac nos videbant furripiebant fugam. Progrediebar vltra: exifti- || mans aliqua*m* me vrbem villafue inuenturum. Deniq*ue* vide*n*s q*uod* lo*n*- || ge admodu*m* p*r*ogreffis nichil noui

¹ Misprint for *aliam*.

[PLANNCK'S "FERDINAND AND ISABELLA" EDITION.]

ceptionis. aliam Fernandinam. aliam Hyfabellam. || aliam Ioanam. *et* fic de reliquis appellari iuffi. Cum primum in || eam infulam quam dudum Ioanam vocari dixi appulimus: iu- || xta eius littus occidentem verfus aliquantulum proceffi: tamq*ue* || eam magnam nullo reperto fine inueni: vt non infula*m*: fed conti || nentem Chatai prouinciam effe crediderim: nulla ta*m*en videns op || pida municipiaue in maritimis fita confinib*us* preter aliquos vi- || cos *et* predia ruftica: cum quor*um* incolis loqui nequibam. quare fi || mul ac nos videbant furripiebant fugam. Progrediebar vltra: || exiftimans aliqua*m* me vrbem villafue inuenturu*m*. Deniq*ue* videns || q*uod* longe admodum progreffis nihil noui emergebat: *et* h*uius*mo*d*i via || nos ad Septentrionem

[THE ILLUSTRATED EDITION.]

emergebat: et || huiufmodi via nos ad Septentrionem defere || bat: q*uod* ipfe fugere exoptabam: terris etenim re || gnabat bruma: ad auftrumq*ue* erat in voto co*n*- || tendere: nec minus venti flagitantibus fucce- || deba*n*t. co*n*ftitui alios no*n* operiri fucceffus: et fic || retrocedens ad portum quenda*m* quem figna- || ueram fum reuerfus: vnde duos ho*m*i*n*es ex no- || ftris in terram mifi. qui inueftigarent: effet ne || Rex in ea prouincia, vrbefue alique. Hij per || [*Seventh page begins:*] tres dies ambularu*n*t: inueneru*n*tq*ue* innumeros || populos *et* habitat*io*nes: paruas ta*m*en et abfq*ue* vllo || regimine: quapropt*er* redieru*n*t. Interea ego ia*m* || intellexera*m* a q*ui*bufdam Indis: quos ibide*m* fu- || fcepera*m*: quo*d* h*u*j*us*mo*d*i prouin-

[PLANNCK'S "FERDINAND" EDITION.]

h*u*j*us*mo*d*i via || nos ad Septentrionem deferebat: q*uod* ipfe fugere exoptaba*m*: terris || etenim regnabat bruma: ad Auftrumq*ue* erat in voto co*n*tendere: || [*Second page begins:*] nec minus venti flagitantib*us* fuccedeba*n*t. co*n*ftitui alios no*n* ope || riri fucceffus: *et* fic retrocedens ad portu*m* quenda*m* quem fignaue- || ram fum reuerfus: vnde duos ho*m*i*n*es ex noftris in terra*m* mifi: qui || inueftigare*n*t effet ne Rex in ea prouincia vrbefue aliqu*a*e. Hi per || tres dies ambularunt inueneru*n*tque i*n*numeros populos *et* habita || tiones paruas ta*m*en *et* abfq*ue* vllo regimine: quapropter redierunt. || Interea ego iam intellexera*m* a q*ui*bufdam Indis quos ibidem fu- || fcepera*m* quo*d* h*u*j*us*mo*d*i prouincia infula quidem erat: *et* fic perrexi ori || entem

[SILBER'S EDITION.]

emergebat: *et* h*uju*smo*d*i via nos ad fep ‖ tentrionem deferebat: q*uod* ipfe fugere exoptaba*m*: terris etenim regna ‖ bat bruina:[1] ad Auftrumq*ue* erat in voto co*n*te*n*dere: nec minus ven- ‖ ti flagitantib*us* fuccedeba*n*t. co*n*ftitui alios no*n* operiri fucceffus: *et* fic ‖ retrocedens ad portu*m* quenda*m* quem fignaueram fum reuerfus: vn ‖ de duos ho*m*i*n*es ex noftris in terram mifi qui inueftigarent effet ne ‖ Rex in ea prouincia vrbefue alique Hi per tres dies ambulauerunt ‖ Inueneru*n*tq*ue* innumeros populos *et* habitationes paruas tamen ‖ *et* abf*que* vllo regimine: quapropter redierunt. Interra[2] ego iam in- ‖ tellexera*m* a q*ui*bufdam Indis quos ibidem fufceperam quo*d* h*uju*smo*d*i pro- ‖ [*Second page begins:*]

[1] Misprint for *bruma*. [2] Misprint for *Interea*.

[PLANNCK'S "FERDINAND AND ISABELLA" EDITION.]

deferebat: q*uod* ipfe fugere exoptaba*m*: terris ‖ etenim regnabat bruma: ad Auftrumq*ue* erat in voto co*n*tendere: ‖ [*Second page begins:*] nec minus venti flagitantib*us* fuccedeba*n*t. conftitui alios no*n* ope ‖ riri fucceffus: *et* fic retrocedens ad portu*m* quenda*m* quem fignaue- ‖ ram fum reuerfus: vnde duos ho*m*i*n*es ex noftris in terra*m* mifi: qui ‖ inueftigare*n*t effet ne Rex in ea prouincia vrbefue alique. Hi per ‖ tres dies ambularunt inuenerunt*que* i*n*numeros populos *et* habita- ‖ tiones: paruas ta*m*en *et* abf*que* vllo regimine. quapropter redierunt. ‖ Interea ego iam intellexeram a q*ui*bufdam Indis quos ibide*m* fu- ‖ fcepera*m* quo*d* h*uju*smo*d*i prouincia infula quidem erat: *et* fic perrexi ori ‖ entem verfus eius femp*er* ftringe*n*s littora vf*que* ad miliaria

cia: infula quidem || erat. *et* fic perrexi oriente*m* verfus: ei*us* femp*er* ftrin || gens littora vf*que* ad miliaria. cccxxij. vbi ipf*ius* || infule funt extrema. hinc alia*m* infula*m* ad orien- || tem profpexi: diftantem ab hac Iohana milia- || ribus. liiij. qua*m* protinus Hifpanam dixi: in eam- || q*ue* conceffi: *et* direxi iter quafi p*er* Septentrione*m* || quemadmodu*m* in Iohana ad orientem: miliaria || dlxiiij. que dicta Iohana *et* alie ibidem iufule[1] || q*uam*fertiliffime exiftunt. Hec multis atq*ue* tutiffi- || mis *et* latis: nec alijs quos vnq*uam* viderim co*m*pa- || randis portib*us*: eft circu*m*data. multi maximi *et* || falubres hanc interfluu*nt* fluuij. multi quoq*ue* et || emine*n*tiffimi in ea funt montes. Om*n*es he infu || le funt pulcerrime

[1] Misprint for *infule.*

[PLANNCK'S "FERDINAND" EDITION.]

verfus eius femp*er* ftringe*ns* littora vf*que* ad miliaria. cccxxij || vbi ipfius inful*ae* funt extrema: hinc alia*m* infulam ad oriente*m* pro || fpexi diftante*m* ab hac Iohana miliarib*us*. liiij. qua*m* protinus Hifpa || nam dixi: in eamq*ue* conceffi *et* direxi iter quafi per Septentrione*m* || quemadmodu*m* in Iohana ad orientem miliaria. dlxiiij. qu*ae* dicta || Iohana *et* ali*ae* ibidem inful*ae* q*uam*fertiliffime exiftunt. Haec multis || atq*ue* tutiffimis *et* latis nec alijs quos vnq*uam* viderim compara*n*dis || portibus eft circundata. multi maximi *et* falubres hanc interflu || unt fluuij. multi quoq*ue* *et* eminentiffimi in ea funt montes. Om*n*es || ha*e* inful*ae* funt pulcherrim*ae* *et* varijs diftinct*ae* figuris: peruia*e*: *et* ma- || xima arbor*um* varietate fidera lambentiu*m* plen*ae*: quas

[SILBER'S EDITION.]

uincia infula quidem erat: *et* fic perrexi orientem verfus eius fem- || per ftringens littora vfq*ue* ad miliaria cccxxij vbi ipfius infule funt || extrema : hinc aliam infulam ad oriente*m* pr*o*fpexi diftantem ab hac || Ioana miliaribus. liiij. qua*m* protinus Hifpanam dixi in ea*m*q*ue* co*n*- || cefii *et* direxi iter quafi per Septentrionem quemadmodum in Io || ana ad orientem miliaria. lxiiij. que dicta Ioana *et* alie ibidem || infule quam fertiliffime exiftunt. Hec multis atq*ue* tutiffimis *et* la || tis nec alijs quos vnq*uam* viderim comparandis portubus eft circun || data multi maximi *et* falubres hanc interfluu*n*t fluuij multi quoq*ue* || Et eminentiffimi in ea funt montes Omnes he infule funt pulch || errime *et* varijs diftincte figuris: peruie : *et* maxima arbor*um* varieta- || te fidera

[PLANNCK'S "FERDINAND AND ISABELLA" EDITION.]

cccxxii || vbi ipfius infule funt extrema : hinc alia*m* infulam ad oriente*m* pro || fpexi diftante*m* ab hac Ioana miliarib*us*. liiii. qua*m* protiuus[1] Hifpa || nam dixi: in eamq*ue* conceffi *et* direxi iter quafi per Septentrione*m* || quemadmodum in Ioana ad oriente*m* miliaria. dlxiiii. que dicta || Ioana *et* alie ibide*m* infule q*uam*fertiliffime exiftunt. Hec multis atq*ue* || tutiffimis *et* latis nec aliis quos vnq*uam* viderim co*m*parandis por- || tibus eft circundata. multi maximi *et* falubres hanc interfluunt || fluuii: multi quoq*ue* *et* eminentiffimi in ea funt montes. Omnes || he infule funt pulcherrime *et* variis diftincte figuris: p*er*uie: *et* ma- || xima arbor*um* varietate fidera lambentiu*m* plene: quas nunq*uam* foliis || priuari credo.

[1] Misprint for *protinus*.

[THE ILLUSTRATED EDITION.]

et varijs diftincte figuris: p*er*- || uie: *et* maxima arbor*um* varietate fidera lamben || tiu*m* plene: q*u*as nunq*ua*m folijs priuari credo: quip- || pe vidi eas ita vire*n*tes atq*ue* decoras: ceu me*n*fe || Maio i*n* hifpania fole*n*t e*ſſ*e: q*u*ar*um* alie flore*n*tes: alie || fructuofe: alie i*n* alio ftatu: f*ecundu*m vniufcuiufq*ue* q*u*ali || tate*m* vigeba*n*t: garriebat philomena: *et* alij paffe || res varij ac i*n*numeri: me*n*fe Noue*m*bris q*uo* ip*ſ*e per || eas deambulaba*m*. Sunt p*r*eterea in dicta infula || [*Eighth page begins:*] Iohana fepte*m* vel octo palmar*um* genera: q*ue* p*r*oce || ritate *et* pulchritudi*n*e (que*m*admodu*m* cetere o*m*nes || arbores, herbe, fructufq*ue*) n*oſ*tras facile exupera*n*t || Su*n*t *et* mirabiles pin*us*, agri, *et* prata vaftiffima, || varie aues, varie mella, variaq*ue* metalla: ferro || ex-

---

[PLANNCK'S "FERDINAND" EDITION.]

nunq*uam* folijs || priuari credo. Quippe vidi eas ita virentes atq*ue* decoras: ceu me*n* || fe Maio in Hifpania folent effe: quar*um* ali*a*e flore*n*tes: ali*a*e fructuo- || fae: ali*a*e in alio ftatu f*ecundu*m vninfcuiufq*ue*[1] qualitate*m* vigebant. garrie- || bat philomena *et* alij pafferes varij ac i*n*numeri me*n*fe Nouembris || quo ipfe per eas deambulaba*m*. Sunt p*r*eterea in dicta infula Ioha || na fepte*m* vel octo palmar*um* genera q*ue* proceritate *et* pulchritudine || que*m*admodu*m* caeterae o*m*nes arbores: herb*a*e: fructufq*ue* n*oſ*tras facile exu- || pera*n*t. Su*n*t *et* mirabiles pin*us* agri *et* prata vaftiffima. vari*a*e aues. || varia mella. variaq*ue* metalla ferro excepto. In ea aut*em* quam Hifpa || nam fupra dixim*us* nuncupari

[1] Misprint for *vniufcuiufque*.

[SILBER'S EDITION.]

lambentium plene: quas nunq*uam* folijs priuari credo Quip || pe vidi eas ita virentes atq*ue* decoras: ceu me*n*fe Maio in Hifpania || fole*n*t effe: quar*um* alie flore*n*tes: alie fructuose: alie in alio ftatu fec*un*d*u*m || vniufcuiufq*ue* qualitate*m* vigebant. garriebat philomela *et* alij paffe || res varij ac in numeri menfe Nouembris quo ipfe per eas deam- || bulabam. Sunt pr*e*terea in dicta infula Ioana fepte*m* vel octo pal- || marum genera q*ue* proceritate *et* pulchritudine quemadmodum ce- || tere omnes arbores: herbe fructufq*ue* noftras facile exuperant Su*n*t || *et* mirabiles pinus agri *et* prata vaftiffima. varie aues. varia mella. || variaq*ue* metalla ferro excepto. In ea aut*em* quam Hifpanam fupra || diximus nu*n*cupari maximi funt montes ac pulchri. vafta rura ne- || mora.

[PLANNCK'S "FERDINAND AND ISABELLA" EDITION.]

Quippe vidi eas ita virentes atq*ue* decoras ceu me*n* || fe Maio in Hifpania folent effe: quar*um* alie flore*n*tes: alie fructuo- || fe: alie in alio ftatu fec*un*d*u*m vniufcuiufq*ue* qualitate*m* vigebant: garrie- || bat philomela *et* alii paffferes varii ac i*n*numeri me*n*fe Nouembris || quo ipfe per eas deambulaba*m*. Sunt preterea in dicta infula Ioa || na fepte*m* vel octo palmar*um* genera q*ue* proceritate *et* pulchritudine || que*m*admodu*m* cetere o*mn*es arbores: herbe: fructufq*ue* n*o*s*t*ras facile exu- || pera*n*t. Su*n*t *et* mirabiles pin*us* agri *et* prata vaftiffima: varie aues: || varia mella: variaq*ue* metalla ferro excepto. In ea aut*em* quam Hifpa || nam fupra diximus nuncupari maximi funt mo*n*tes ac pulchri: va || fta rura. nemora. campi feraciffimi feri pafciq*ue* *et con*-

[THE ILLUSTRATED EDITION.]

cepto. In ea autem quam Hispanam supra diximus ǁ nuncupari: maximi sunt montes ac pulcri: vasta ǁ rura, nemora, campi feracissimi, feri, pacisque[1] et ǁ condendis edificijs aptissimi. Portuum in hac in ǁ sula commoditas: et prestantia fluminum copia salu ǁ britate admixta hominum: quod nisi quis viderit: cre- ǁ dulitatem superat. Huius arbores pascua et fructus ǁ multum ab illis Iohane differunt. Hec preterea ǁ Hispana diuerso aromatis genere, auro, me- ǁ tallisque abundat. cuius quidem et omnium aliarum quas ǁ ego vidi: et quarum cognitionem habeo: incole vtri ǁ usque sexus nudi semper incedunt: quemadmodum ǁ eduntur in lucem. preter aliquas feminas. que fo- ǁ lio frondeue aliqua: aut

[1] Misprint for *pascique*.

[PLANNCK'S "FERDINAND" EDITION.]

maximi sunt montes ac puichri. va ǁ sta rura nemora. campi feracissimi feri pascique et condendis aedifici- ǁ is aptissimi. Portuum in hac insula commoditas et prestantia flumi ǁ num copia salubritate admixta hominum: quod nisi quis viderit: credulita ǁ tem superat. Huius arbores pascua et fructus multum ab illis Iohanae ǁ differunt. Haec preterea Hispana diuerso aromatis genere. auro. ǁ [*Third page begins:*] metallisque abundant. cuius quidem et omnium aliarum quas ego vidi et ǁ quarum cognitionem habeo incolae vtriusque sexus nudi semper ince- ǁ dunt quemadmodum eduntur in lucem: praeter aliquas feminas: que fo- ǁ lio frondeue aliqua aut bombicino velo pudenda operiunt: quod ǁ ipsae sibi ad id negocij parant. Carent ij omnes (vt supra dixi)

[SILBER'S EDITION.]

campi feraciſſimi ſeri paſciq*ue et co*ndendis edificijs aptiſſimi. || Portuum in hac inſula co*m*moditas *et* preſtantia. fluminum copia || ſalubritate admixta hominum: q*uod* niſi quis viderit: credulitate*m* ſu- || perat. Hui*us* arbores paſcua *et* fructus multu*m* ab illis Ioane dif- || ferunt. Hec preterea Hiſpana diuerſo aromatis genere. auro. me- || talliſq*ue* abundat. cuius quidem *et* omnium aliar*um* quas ego vidi *et* || quar*um* cognitionem habeo incole vtriuſq*ue* ſexus nudi ſemp*er* incedu*n*t || quem*ad*modum edunt*ur* in lucem: preter aliquas feminas: q*ue* foiio fro*n* || deue aliqua aut bombicino velo pudenda operiunt q*uo*d ipſe ſibi ad || id negocij para*n*t. Carent ij omnes vt ſupra dixi quocu*mque* genere fer || ri carent *et* armis vtpote ſibi ignotis nec ad ea ſunt apti. non

[PLANNCK'S "FERDINAND AND ISABELLA" EDITION.]

dendis edifici || is aptiſſimi. Portuu*m* in hac inſula co*m*moditas *et* preſtantia flumi || nu*m* copia ſalubritate admixta ho*min*um: q*uod* niſi quis viderit: credulita || te*m* ſuperat. Hui*us* arbores paſcua *et* fructus multu*m* ab illis Ioane || [*Third page begins:*] differunt. Hec preterea Hiſpana diuerſo aromatis genere. auro. || metalliſq*ue* abundat. cuius quidem *et* o*m*nium aliar*um* quas ego vidi *et* || *et* quar*um* cognitione*m* habeo incole vtriuſq*ue* ſexus nudi ſemper ince || dunt quem*ad*modu*m* edunt*ur* in lucem: preter aliquas feminas: q*ue* fo- || lio frondeue aliqua aut bombicino velo pudenda operiunt: q*uo*d || ipſe ſibi ad id negocii parant. Carent ii o*mn*es (vt ſupra dixi) quo- || cu*m*q*ue* genere ferri. care*n*t *et* armis vtpote ſibi ignotis nec ad ea ſu*n*t ||

[THE ILLUSTRATED EDITION.]

bombicino velo: puden- || da operiunt: quod ipse fibi ad id negocij parant. Ca || rent hi omnes (vt fupra dixi) quocunque genere || ferri. carent et armis: vtpote fibi ignotis nec ad || ea funt apti. non propter corporis deformitatem (cum fint || bene formati) fed quia funt timidi ac pleni formidine. || geftant tamen pro armis arundines fole peruftas: in quarum || radicibus haftile quoddam ligneum ficcum et in mucro || nem attenuatum figunt: neque his audent iugiter vti: nam || [*Tenth page begins:*] fepe euenit cum miferim duos vel tris homines || ex meis ad aliquas villas: vt cum earum loqueren- || tur incolis: exijffe agmen glomeratum ex Indis: || et vbi noftros appropinquare videbant: fugam || celeriter arripuiffe: defpretis a patre liberis et || econtra. et hoc

---

[PLANNCK'S "FERDINAND" EDITION.]

quo- || cumque genere ferri. carent et armis vtpote fibi ignotis nec ad ea funt || apti: non propter corporis deformitatem cum fint bene formati: fed || quia funt timidi ac pleni formidine. geftant tamen pro armis arundi- || nes fole peruftas: in quarum radicibus haftile quoddam ligneum ficcum et || in mucronem attenuatum figunt: neque iis audent iugiter vti: nam fae || pe euenit cum miferim duos vel tris homines ex meis ad aliquas vil- || las vt cum earum loquerentur incolis: exijffe agmen glomeratum ex In || dis: et vbi nostros appropinquare videbant fugam celeriter arripuif- || fe defpretis a patre liberis et econtra. et hoc non quod cuipiam eorum dam || num aliquid vel iniuria illata fuerit: immo ad quofcumque appuli et qui- || bus cum verbum

[SILBER'S EDITION.]

prop ‖ ter corporis deformitatem cum fint bene formati: fed quia fu*n*t ti- ‖ midi ac pleni formidine. geſtant tamen pro armis arundines fole ‖ p*er*uſtas: in quarum radicibus haſtile quoddam ligneum ſiccum et ‖ in mucronem attenuatum figunt: neq*ue* ijs audent iugiter vti: nam ‖ fepe euenit cu*m* miferim duos vel tres ho*m*i*n*es ex meis ad aliquas vil- ‖ las vt cu*m* earum loquerent*ur* incolis: exijſſe agmen glomeratu*m* ex In ‖ dis: *et* vbi no*s*/ros appropinquare videbant fugam celeriter arripuiſ- ‖ [*Third page begins*:] fe defpretis a patre liberis *et* econtra. *et* hoc non q*uod* cuipia*m* eor*um* dam ‖ num aliq*u*id vel iniuria illata fuerit: immo ad quofcu*m*q*ue* appuli *et* q*u*i ‖ bus cu*m* verbum facere potui: quicq*u*id habebam fum elargitus: pan ‖ num aliaq*ue* permulta

---

[PLANNCK'S "FERDINAND AND ISABELLA" EDITION.]

apti: no*n* p*ro*pter corporis deformitatem cu*m* fint bene formati: fed ‖ q*u*ia funt timidi ac pleni formidine. geſtant ta*m*en pro armis arundi- ‖ nes fole p*er*uſtas: in quar*um* radic*i*b*us* haſtile quodda*m* ligneu*m* ſiccu*m* et ‖ in mucronem attenuatu*m* figunt. neq*ue* iis aude*n*t iugiter vti: na*m* fe ‖ pe euenit cu*m* miferim duos vel tris ho*m*i*n*es ex meis ad aliquas vil ‖ las vt cu*m* ear*um* loquerent*ur* incolis: exiiſſe agmen glomeratu*m* ex In ‖ dis: *et* vbi no*s*/ros appropinquare videbant fuga*m* celeriter arripuiſ- ‖ fe defpretis a patre liberis *et* econtra. *et* hoc no*n* q*uod* cuipiam eor*um* da*m* ‖ num aliq*u*id vel iniuria illata fuerit: i*m*mo ad quofcu*m*q*ue* appuli *et* qui ‖ bus cu*m* verbum facere potui: quicq*u*id habeba*m* fum elargitus: pan ‖ num aliaq*ue* p*er*multa nulla

[THE ILLUSTRATED EDITION.]

non quod cuipiam eorum damnum aliquid || vel iniuria illata fuerit: immo ad quofcumque ap || puli et quibus cum verbum facere potui: quicquid ha || bebam fum elargitus: pannum aliaque permulta: nulla || mihi facta verfura: fed funt natura pauidi ac || timidi. Ceterum vbi fe cernunt tutos: omni metu re || pulfo: funt ad modum fimplices ac bone fidei: et || in omnibus que habent liberaliffimi: roganti quod || poffidet inficiatur nemo: quin ipfi nos ad id po- || fcendum inuitant. Maximum erga omnes amorem pre- || fe ferunt: dant queque magna pro paruis. minima licet || re nihiloue contenti: ego attamen prohibui ne tam mi || nima et nullius precij hifce darentur: vt funt lancis, || parapfidum, vitrique fragmenta, jtem claui, ligule, || quanquam

---

[PLANNCK'S "FERDINAND" EDITION.]

facere potui: quicquid habebam fum elargitus: pan || num aliaque permulta nulla mihi facta verfura: fed funt natura pa || uidi ac timidi. Ceterum vbi fe cernunt tutos omni metu repulfo: funt || admodum fimplices ac bonae fidei et in omnibus quae habent liberaliffi- || mi: roganti quod poffidet inficiatur nemo: quin ipfi nos ad id pofcen || dum inuitant. Maximum erga omnes amorem prae fe ferunt: dant quaeque ma || gna pro paruis: minima licet re nihiloue contenti. ego attamen prohibui ne || tam minima et nullius precij hifce darentur: vt funt lancis. parapfidum. || vitrique fragmenta. item claui ligulae: quanquam fi hoc poterant adipifci || videbatur eis pulcherrima mundi poffidere iocalia. Accidit. enim. quen- || dam nauitam tantum auri pon-

nulla michi facta verfura: fed funt natura || pauidi ac timidi. Ceter*um* vbi fe cernunt tutos omni metu repulfo: || funt admodum fimplices ac bone fidei *et* in omnib*us* que habent li || beraliffimi: roganti q*uo*d poffidet inficiat*ur* nemo: quin ipfi nos ad id || pofcendum inuitant Maximum erga omnes amorem pre fe feru*n*t || Dant queq*ue* magna pro paruis: minima licet re nichiloue co*n*tenti. || ego attamen prohibui ne tam minima *et* nullius precij hifce dare*n* || tur: vt funt lancis parapfidum. vtriq*ue*[1] fragmenta. item claui ligu- || le: quanquam fi hoc poterant adipifci videbat*ur* eis pulcherrima mun- || di poffidere iocalia Accidit. *enim*. que*n*dam nauitam tantum auri pon || dus habuiffe pro vna ligula

[1] Misprint for *vitrique*.

[PLANNCK'S "FERDINAND AND ISABELLA" EDITION.]

mihi facta verfura: fed funt natura pa || uidi ac timidi. Ceter*um* vbi fe cernunt tutos o*mn*i metu repulfo: funt || admodum fimplices ac bone fidei *et* in o*mn*ib*us* que habe*n*t liberaliffi || mi: roganti q*uo*d poffidet inficiat*ur* nemo: quin ipfi nos ad id pofce*n* || du*m* inuita*n*t. Maximu*m* erga o*mn*es amore*m* pre fe ferunt: dant queq*ue* ma || gna pro paruis: minima l*icet* re nihiloue c*on*tenti. ego att*am*en pr*o*hibui ne || ta*m* mini*m*a *et* nulli*us* precii hifce darent*ur*: vt funt lancis. parapfidu*m*. || vitriq*ue* fragmenta. ite*m* claui ligule. quanq*uam* fi hoc potera*n*t adipifci || videbat*ur* eis pulcherrima mu*n*di poffidere iocalia. Accidit. *enim*. que*n* || dam nauitam tantu*m* auri po*n*dus habuiffe pro vna ligula quanti || funt tres aurei folidi. *et* fic alios pro aliis

[THE ILLUSTRATED EDITION.]

fi hoc poterant adipifci: videbatur eis pul || cerrima mundi poffidere iocalia. Accidit enim || quendam nauitam: tantum auri pondus habuiffe || pro vna ligula: quanti funt tres aurei folidi: et fic || alios pro alijs minoris precij: prefertim pro blanquis no || uis: et quibufdam nummis aureis: pro quibus habendis da || bant quicquid petebat venditor: puta vnciam cum dimi || dia et duas auri: vel triginta et quadraginta bombicis || [*Eleventh page begins:*] pondo: quam ipfi iam nouerant. jtem arcuum, ampho || re, hydrie, dolijque fragmenta: bombice et auro tam || quam beftie comparabant. quod quia iniquum fane erat: || vetui: dedique eis multa pulcra et grata que mecum || tuleram nullo interueniente premio: vt eos mihi fa- || cilius conciliarem: fierentque

---

[PLANNCK'S "FERDINAND" EDITION.]

dus habuiffe pro vna ligula quanti || funt tres aurei folidi. et fic alios pro alijs minoris precij: prefertim || pro blanquis nouis: quibufdam nummis aureis: pro quibus habendis da || bant quicquid petebat venditor: puta vnciam cum dimidia et duas || auri: vel triginta et quadraginta bombicis pondo: quam ipfi iam || nouerant. item arcuum. amphorae. hydre. doliique fragmenta bom || bice et auro tanquam beftiae comparabant. quod quia iniquum fane || erat vetui: dedique eis multa pulchra et grata que mecum tuleram nullo || interueniente premio: vt eos mihi facilius conciliarem fierentque Christicolae || [*Fourth page begins:*] et vt fint proni in amorem erga Regem Reginam principemque no- || ftros et vniuerfas gentes Hifpaniae ac ftudeant perqui-

[SILBER'S EDITION.]

qua*n*ti funt tres aurei folidi *et* fic alios || pro alijs minoris precij prefertim pro bla*n*quis nouis: q*ui*bufdam nu*m* || mis aureis: pro quibus habendis dabant quicquid petebat vendi || tor: puta vnciam cu*m* dimidia *et* duas auri: vel triginta *et* quadragin || ta bombicis pondo: quam ipfi iam neuerant[1] item arcum. ampho || re. hijdre. dolijq*ue* fragmenta bombice *et* auro tanq*uam* beftie compara || ba*n*t. quod quia iniquum fane erat vetui: dediq*ue* eis multa pulchra || *et* grata q*ue* mecu*m* tuleram nullo i*n*teruenie*n*te premio: vt eos michi fa- || cilius co*n*ciliarem fierentq*ue* Christicole *et* vt fint proni in amorem erga || Regem Reginam principemq*ue* noftros *et* vniuerfas gentes Hif- || panie ac ftudeant per-

[1] Misprint for *nouerant*.

[PLANNCK'S "FERDINAND AND ISABELLA" EDITION.]

minoris precii: p*re*fertim || pro blanquis nouis: quibufda*m* nu*m*mis aureis: p*ro* q*ui*b*us* habe*n*dis da || bant quicquid petebat ve*n*ditor: puta vnciam cu*m* dimidia *et* duas || auri: vel triginta *et* quadraginta bombicis pondo: qua*m* ipfi iam || nouerant. ite*m* arcuum. amphore. hydrie. doliiq*ue* fragmenta bom || bice *et* auro tanq*uam* beftie comparabant. quod quia iniquum fane || [*Fourth page begins:*] erat vetui: dediq*ue* eis multa pulchra *et* grata que mecu*m* tulera*m* nul || lo interueniente premio. vt eos mihi facilius co*n*ciliarem fierentq*ue* || Christicole *et* vt fint proni in amorem erga Rege*m* Regina*m* principemq*ue* || noftros *et* vniuerfas gentes Hifpanie ac ftudeant perquirere co- || acceruare eaq*ue* nobis tradere quib*us* ipfi

[THE ILLUSTRATED EDITION.]

*Chrift*icole: *et* vt fint proni in || amore*m* erga Rege*m* Regina*m* principefq*ue* noftros || et vniuerfas ge*n*tes Hifpanie: ac ftudea*n*t p*er*q*ui*re- || re *et* coaceruare: eaq*ue* nobis tradere q*ui*b*us* ip*f*i af- || fluu*n*t *et* nof magnop*er*e i*n*digem*us*. Nulla*m* hij noru*n*t || ydolatria*m*: i*m*mo firmiffime credu*n*t o*m*ne*m* vim: o*m*ne*m* || pote*n*tia*m*: o*mn*ia deniq*ue* bona effe i*n* celo: meq*ue* inde || cu*m* his nauib*us et* nautif defce*n*diffe: at*que* h*oc* a*n*i*m*o vbi || fui fufceptus poftq*uam* metu*m* repulera*n*t. Nec funt || fegnes aut rudes: quin fummi ac p*er*fpicacis in- || genij: *et* ho*min*es qui tranffreta*n*t mare ill*u*d: no*n* fine || admiratio*n*e vniufcuiufq*ue* rei ratione*m* reddunt: || fed nu*n*q*uam* viderunt gentes veftitas: neq*ue* naues || h*uj*us*m*o*d*i Ego ftatim atq*ue* ad mare ill*u*d p*er*-

---

[PLANNCK'S "FERDINAND" EDITION.]

rere: coacer || uare eaq*ue* nobis tradere quib*us* ipfi affluunt *et* nos magnopere in || digem*us*. Nullam ij norunt hydolatriam: i*m*mo firmiffime credu*n*t || o*m*nem vim: o*m*nem potentiam: o*mn*ia deniq*ue* bona effe in coelo: meq*ue* || inde cum his nauibus *et* nautis defce*n*diffe: atq*ue* hoc animo vbiq*ue* || fui fufceptus poftq*uam* metum repulerant. Nec funt fegnes aut ru- || des: quin fummi ac perfpicacis ingenij: *et* homines qui tranffre- || tant mare illud no*n* fine admiratio*n*e vniufcuiufq*ue* rei ratione*m* red- || dunt: fed nunq*uam* videru*n*t gentes veftitas neq*ue* naues h*uj*us*m*o*d*i. Ego || ftatim atq*ue* ad mare illud peruen*i* *e* prima infula quofda*m* Indos || violenter arripui: qui edifcerent a nobis *et* nos pariter docerent || ea: quor*um* ipfi in ijfce partibus cog-

[SILBER'S EDITION.]

quirere: coaceruare eaq*ue* nobis tradere quib*us* ‖ ipfi affluunt *et* nos magnopere indigemus   Nulla*m* ij norunt hijdo ‖ latriam: i*m*mo firmiffime credunt omnem vim: omnem potentiam ‖ om:nia deniq*ue* bona effe in coelo: meq*ue* inde cu*m* his nauibus *et* nau ‖ tis defcendiffe: atq*ue* hoc animo vbiq*ue* fui fufceptus poftq*uam* metum ‖ repulerant   Nec funt fignes[1] aut rudes: quin fummi ac perfpicacis ‖ ingenij: *et* homines qui tranffretant mare illud non fine admirati ‖ one vnifcuiufq*ue*[2] rei ratione reddu*n*t: fed nunq*uam* videru*n*t gentes vefti- ‖ tas neq*ue* naues h*uju*smo*d*i   Ego ftatim atq*ue* ad mare illud perueni e pri ‖ ma infula quofda*m* Indos violenter arripui. qui edifcerent a nobis ‖ *et* nos pariter docere*n*t ea: quo-

[1] Misprint for *fegnes*.   [2] Misprint for *vniufcuiufque*.

[PLANNCK'S "FERDINAND AND ISABELLA" EDITION.]

affluunt *et* nos magnope ‖ re indigemus.   Nullam ii norunt idolatriam: i*m*mo firmiffime cre ‖ du*n*t o*mn*em vim: o*mn*em potentiam: o*mn*ia deniq*ue* bona effe in celo: meq*ue* ‖ inde cum his nauibus *et* nautis defce*n*diffe: atq*ue* hoc animo vbiq*ue* ‖ fui fufceptus poftq*uam* metum repulerant.   Nec funt fegnes aut ru- ‖ des: quin fummi ac perfpicacis ingenii: *et* homines qui tranf- fre- ‖ tant mare illud no*n* fine admiratio*n*e vniufcuiuf- q*ue* rei ratione*m* red- ‖ dunt: fed nunq*uam* videru*n*t gentes veftitas neq*ue* naues h*uju*smo*d*i.   Ego ‖ ftatim atq*ue* ad mare illud perueni e prima infula quofda*m* Indos ‖ violenter arripui: qui edifcerent a nobis *et* nos pariter docerent ‖ ea quor*um* ipfi in iifce partibus cognitionem habebant: *et* ex voto ‖ fucceffit: nam breui

[THE ILLUSTRATED EDITION.]

ueni: e pri || ma infula quofda*m* Indos violenter arripui: q*ui* || edifcere*n*t a nobis: *et* nos *pa*riter docerent ea: q*uorum* || ipfi in hifce partibus cognitione*m* habebant. et || ex voto fucceffit: na*m* breui nos ip*f*os: *et* hij nos: || tum geftu ac fignis: tum verbis intellexerunt. || magnoq*ue* nobis fuere emolume*n*to. veniunt mo*do* || mecu*m* ta*m*cn qui femp*er* putant me defiluiffe e celo || q*ua*muis diu nobifcu*m* verfati fuerint hodieq*ue* ver- || [*Twelfth page begins:*] fent*ur.* *et* hi erant primi: q*ui* id quocu*n*q*ue* appellaba || mus nunciaba*n*t: alij deinceps alijs elata voce || dice*n*tes. Uenite venite *et* videbitis ge*n*tes ethe || reas. Qua*m*obre*m* ta*m* femi*n*e qua*m* viri: ta*m* impuberes || q*ua*m adulti: tam iuuenes q*ua*m fenes: depofita formi || dine paulo ante *co*ncepta:

[PLANNCK'S "FERDINAND" EDITION.]

nitionem habebant. *et* ex voto || fucceffit: nam breui nos ipfos *et* ij nos tum geftu ac fignis tum || verbis intellexerunt: magnoq*ue* nobis fuere emolumento: veniu*n*t || modo mecum: qui femper putant me defiluiffe e coelo: q*ua*muis diu || nobifcum[1] verfati fuerint hodieq*ue* verfentur. *et* ij erant primi qui || id quocunq*ue* appellabamus nuntiabant: alij deinceps alijs ela- || ta voce dice*n*tes: Uenite venite *et* videbitis gentes *a*ethereas. Qua*m* || ob rem tam femin*a*e qua*m* viri: tam impuberes q*ua*m adulti: ta*m* iuuenes || q*ua*m fenes depofita formidine paulo ante *co*ncepta nos certatim vife || bant magna iter ftipante caterua alijs cibum alijs potum affe- || rentibus maximo cum amore

[1] Misprint for *nobifcum*.

[SILBER'S EDITION.]

r*um* ipfi in ifce partib*us* cognitione*m* ha- ‖ bebant. *et* ex voto fucceffit: nam breui nos ipfos *et* ij nos tum geftu ‖ ac fignis tum verbis intellexerunt: magnoq*ue* nobis fuere emolu- ‖ mento: veniunt modo mecum: qui femper putant me defiluiffe de ‖ coelo: qua*m*uis diu nobifcum verfati fuerint hodieq*ue* verfent*ur*: *et* ij era*n*t ‖ primi qui id quocunq*ue* appellabam*us* nuntiaba*n*t: alij deinceps alijs ‖ elata voce dice*n*tes. Uenite venite *et* videbitis ge*n*tes ethereas Qua*m* ‖ [*Fourth page begins :*] ob rem tam femine q*uam* viri: tam impuberes q*uam* adulti: tam iuuenes ‖ q*uam* fenes. depofita formidine paulo ante concepta nos certatim vife ‖ bant magna inter[1] ftipante caterua alijs cibum alijs potum

[1] Misprint for *iter*.

[PLANNCK'S "FERDINAND AND ISABELLA" EDITION.]

nos ipfos: *et* ii nos tum geftu ac fignis: tum ‖ verbis intellexerunt: magnoq*ue* nobis fuere emolumento: veniu*n*t ‖ modo mecum qui femper putant me defiluiffe e celo: qua*m*uis diu ‖ nobifcum verfati fuerint hodieq*ue* verfentur. et ii erant primi qui ‖ id quocunq*ue* appellabamus nuntiabant: alii deinceps aliis ela- ‖ ta voce dicentes: Uenite venite *et* videbitis ge*n*tes ethereas. Qua*m* ‖ ob rem tam femine q*uam* viri: tam impuberes q*uam* adulti: ta*m* iuuenes ‖ q*uam* fenes depofita formidine paulo ante *con*cepta nos certatim vife ‖ bant magna iter ftipante caterua: aliis cibum: aliis potum affe- ‖ rentibus maximo cum amore ac beniuolentia incredibili. Habet ‖ vnaqueq*ue* infula multas fcaphas folidi ligni: *et* fi anguftas. lon- ‖ gitudine ta*m*en ac for-

[THE ILLUSTRATED EDITION.]

nos certatim visebant || magna iter stipante caterua alijs cibum, alijs po || tum afferentibus: maximo cum amore ac beniuolen- || tia incredibili. Habet vnaqueque insula multas || scaphas solidi ligni: et si angustas: longitudine || tamen ac forma nostris biremibus similes: cursu autem || velociores. Reguntur remis tantummodo. Harum || quedam sunt magne: quedam parue: quedam in me- || dio consistunt. Plures tamen biremi que remigent || duodeuiginti transtris maiores: cum quibus in omnes || illas insulas: que innumere sunt: traijcitur. cumque || his suam mercaturam exercent: et inter eos comer- || tia fiunt. Aliquas ego harum biremium seu sca- || pharum: vidi que vehebant septuaginta et octuagin || ta remiges. In omnibus his

---

[PLANNCK'S "FERDINAND" EDITION.]

ac beniuolentia incredibili. Habet || vnaqueque insula multas scaphas solidi ligni: et si angustas lon- || gitudine tamen ac forma nostris biremibus similes: cursu autem velo- || ciores. Reguntur remis tantummodo. Harum quaedam sunt magnae: || quaedam paruae: quaedam in medio consistunt. Plures tamen biremi quae || remiget duodeuiginti transtris maiores: cum quibus in omnes illas || insulas: quae innumerae sunt: traijcitur. cumque ijs suam mercatu- || ram exercent et inter eos comertia fiunt. Aliquas ego harum bi- || remium seu scapharum vidi que vehebant septuaginta et octuaginta re || miges. In omnibus ijs insulis nulla est diuersitas inter gentis || effigies: nulla in moribus atque loquela: quin omnes se intelligunt || [*Fifth page*

[SILBER'S EDITION.]

affe- || rentibus maximo cum amore ac beniuolentia incredibili. Habet || vnaqueque Infula multas fcaphas folidi ligni: *et* fi anguftas longi || tudine tamen ac forma noftris biremibus fimiles: curfu autem ve || lociores. reguntur remis tantummodo. Harum quedam funt magne || quedam parue: quedam in medio confiftunt. Plures tamen biremi || que remiget duodeuiginti tranftris maiores: cum quibus in omnes || illas infulas: que innumere funt: traijcitur cumque ijs fuam merca || turam exercent *et* inter eos comertia fiunt. Aliquas ego harum bi- || remium feu fcapharum vidi que vehebant feptuaginta *et* octuaginta || remiges. In omnibus ijs infulis nulla eft diuerfitas inter gentis || effigies: nulla in moribus atque loquela: quin omnes fe intelligunt ||

[PLANNCK'S "FERDINAND AND ISABELLA" EDITION.]

ma noftris biremibus fimiles: curfu autem velo- || ciores. Reguntur remis tantummodo. Harum quedam funt magne: || quedam parue: quedam in medio confiftunt. Plures tamen biremi que || remiget duodeuiginti tranftris maiores: cum quibus in omnes illas || infulas: que innumere funt: traiicitur. cumque iis fuam mercatu- || ram exercent *et* inter eos comertia fiunt. Aliquas ego harum bi- || remium feu fcapharum vidi que vehebant feptuaginta *et* octuaginta re || [*Fifth page begins:*] miges. In omnibus iis infulis nulla eft diuerfitas inter gentis || effigies: nulla in moribus atque loquela: quin omnes fe intelligunt || adinuicem: que res perutilis eft ad id quod fereniffimos Reges no || ftros exoptare precipue reor: fc*ilicet* eorum ad fanctam *Christi*

[THE ILLUSTRATED EDITION.]

infulis nulla eft di- || uerfitas inter gentis effigies. nulla in moribus || atque loquela: quin omnes fe intelligunt adinuicem: || que res perutilis eft ad id quod sereniffimum Regem || noftrum exoptare precipue reor: fcilicet eorum ad fan || ctam Chrifti fidem conuerfionem. cui quidem quantum || intelligere potui facilimi funt et proni. Dixi quem- || [*Thirteenth page begins:*] admodum fum progreffus antea infulam Iohanam || per rectum tramitem occafus in orientem miliaria || cccxxij. fecundum quam viam et interuallum itineris poffum || dicere hanc Iohanam effe maiorem Anglia et Sco || tia fimul: nanque vitra dicta. cccxxij. paffuum milia: || in ea parte que ad occidentem profpectat: due: quas || non petij: fuper funt prouincie: quarum alteram Indi ||

[PLANNCK'S "FERDINAND" EDITION.]

begins:] adinuicem: quae res perutilis eft ad id quod sereniffimum Regem noftrum || exoptare praecipue reor: fcilicet eorum ad fanctam Chrifti fidem conuerfionem. || cui quidem quantum intelligere potui facillimi funt et proni. Dixi || quemadmodum fum progreffus antea infulam Iohanam per rectum || tramitem occafus in orientem miliaria. cccxxij. fecundum quam viam et || interuallum itineris poffum dicere hanc Iohanam effe maiorem || Anglia et Scotia fimul: namque vltra dicta. cccxxij. paffuum milia in || ea parte quae ad occidentem profpectat duae: quas non petij: fuper || funt prouinciae: quarum alteram Indi Anan vocant cuius accolae cau || dati nafcuntur. Tenduntur in longitudinem ad miliaria. clxxx. vt || ab his quos veho

[SILBER'S EDITION.]

ad inuicem: que res perutilis eft ad id q*uo*d fereniffimoru*m* Regu*m* nof ‖ trorum exoptare precipue reor: f*c*i*licet* eorum ad f*an*ctam *Christ*i fidem con- ‖ uerfionem cui q*ui*dem quantum intelligere potui facilimi funt *et* p*ro* ‖ ni Dixi quemadmodum fum progreffus antea infulam Ioanam ‖ per rectum tramitem occafus in orientem millaria[1] cccxxij. in qua*m* ‖ viam *et* interuallum itineris poffum dicere hanc Ioana*m* effe maio ‖ rem Anglia *et* Scotia fimul: na*m*q*ue* vltra dicta cccxxij. paffuu*m* milia i*n* ‖ ea parte que ad occidentem prof*p*ectat due. quas non petij: fup*er* fu*n*t ‖ prouincie: quar*um* alteram Indi Anan vocant cuius accole caudati ‖ nafcuntur. Tendunt*ur* in longitudine*m* ad miliaria. clxxx.

[1] Misprint for *miliaria*.

[PLANNCK'S "FERDINAND AND ISABELLA" EDITION.]

fidem *con*uerfio- ‖ nem. cui q*ui*dem quantu*m* intelligere potui facillimi funt et proni. ‖ Dixi que*m*admodu*m* fum progreffus antea infulam Ioanam per re ‖ ctum tramitem occafus in orientem miliaria. cccxxii. f*ecundu*m qua*m* via*m* ‖ *et* interuallum itineris poffum dicere hanc Ioanam effe maiore*m* ‖ Anglia *et* Scotia fimul. na*m*q*ue* vltra dicta. cccxxii. paffuu*m* milia in ‖ ea parte que ad occidentem profpectat due: quas no*n* petii: fuper ‖ funt prouincie: quar*um* altera*m* Indi Anan vocant cuius accole cau ‖ dati nafcuntur. Tendunt*ur* in longitudine*m* ad miliaria. clxxx. vt ‖ ab his quos veho mecu*m* Indis percepi: qui o*mn*is has callent infu- ‖ las. Hifpane v*er*o ambit*us* maior eft tota Hifpania a Colonia vfq*ue* ‖ ad fontem rabidum Hincq*ue* fa-

[THE ILLUSTRATED EDITION.]

Anan vocant: cuius accole caudati nafcuntur. Ten ǁ duntur in longitudinem ad miliaria. clxxx. vt ab ǁ his quos veho mecum Indis percepi: qui omnis has ǁ callent infulas. Hifpane vero ambitus maior eft ǁ tota Hifpania a cologna vfque ad fontem rabidum ǁ Hincque facile arguitur quod quartum eius latus quod ipfe ǁ per rectam lineam occidentis in orientem traieci: mili ǁ aria continet. dxl. Hec infula eft affectanda et affe- ǁ ctata non fpernenda in qua et fi aliarum omnium vt dixi ǁ pro inuictiffimo Rege noftro folenniter poffeffio- ǁ nem accepi: earumque imperium dicto Regi peni- ǁ tus committitur: in oportuniori tamen loco: atque omni lu ǁ cro et commertio condecenti: cuiufdam magne ville: ǁ cui Natiuitatis domini nomen dedimus: poffef-

---

[PLANNCK'S "FERDINAND" EDITION.]

mecum Indis percepi: qui omnis has callent infu- ǁ las. Hifpanae vero ambitus maior eft tota Hifpania a Colonia vfque ǁ ad fontem rabidum. Hincque facile arguitur quod quartum eius latus ǁ quod ipfe per rectam lineam occidentis in orientem traieci miliaria ǁ continet. dxl. Haec infula eft affectanda et affectata non fpernenda ǁ in qua et fi aliarum omnium vt dixi pro inuictiffimo Rege noftro folen ǁ niter poffeffionem accaepi: earumque imperium dicto Regi penitus ǁ committitur: in oportuniori tamen loco atque omni lucro et commercio ǁ condecenti cuiufdam magnae villae: cui Natiuitatis domini nomen de- ǁ dimus: poffeffionem peculiariter accepi: ibique arcem quandam ǁ erigere extemplo iuffi: quae modo iam debet effe per-

[SILBER'S EDITION.]

vt ab his || quos veho mecum Indis percepi: qui omnis has callent infulas. || Hifpane vero ambit*us* maior eft toto Hifpania a Colonia vf*que* ad || fonte*m* rabidum Hincq*ue* facile arguit*ur* q*uod* quartu*m* eius latus quod ip || fe per rectam lineam occidentis in orientem traieci miliaria conti- || net. dxl. Hec infula eft affectanda *et* affectata non fperne*n*da in q*ua* || et fi aliar*um* omnium vt dixi p*ro* inuictiffimo Rege noftro folenniter || poffeffionem accepi: earu*m*q*ue* imperium dicto Regi penitus co*m*mitti || tur: in oportuniori tame*n* loco atq*ue* omni lucro *et* co*m*mertio condece*n* || ti cuiufdam magne ville: cui Natiuitatis d*o*mini nomen dedim*us*: pof || feffionem peculiariter accepi ibiq*ue* arcem quandam erigere ex tem || plo iuffi que modo iam debet effe

---

[PLANNCK'S "FERDINAND AND ISABELLA" EDITION.]

cile arguit*ur* q*uod* quartum eius latus || quod ipfe per recta*m* linea*m* occidentis in orientem traieci miliaria || continet. dxl. Hec infula eft affectanda *et* affectata no*n* fpernenda || in qua *et* fi aliar*um* om-*ni*um vt dixi pro inuictiffimo Rege noftro folen || niter poffeffionem accepi: earu*m*que imperium dicto Regi penitus || co*m*mittitur: in oportuniori tame*n* loco atq*ue* omni lucro et co*m*mertio || condecenti cuiufda*m* magne ville: cui Natiuitatis do*m*ini nomen de- || dimus: poffeffionem peculiariter accepi: ibiq*ue* arcem quandam || erigere extemplo iuffi: que modo iam debet effe p*er*acta: in qua ho || mines qui neceffarii funt vifi cu*m* omni armor*um* genere *et* vltra an || num victu oportuno reliqui. Item quanda*m* carauella*m et* pro

[THE ILLUSTRATED EDITION.]

fionem ‖ peculiariter accepi. ibique arcem quandam eri- ‖ gere extemplo iuffi: que modo iam debet effe ‖ peracta: in qua homines qui neceffarij funt vifi: cum ‖ omni armorum genere: et vltra annum victu oportu ‖ no reliqui. Item quandam carauellam: et pro alijs conftruen ‖ dis tam in hac arte quam in ceteris peritos: ac eiufdem ‖ [*Fifteenth page begins:*] infule Regis erga nos beniuolentiam et familia ‖ ritatem incredibilem. Sunt enim gentes ille amabiles ‖ admodum et benigne: eo quod Rex predictus me fra ‖ trem fuum dici gloriabatur. Et fi animum reuoca ‖ rent: et his qui in arce manferunt nocere velint: ne ‖ queunt: quia armis carent: nudi incedunt: et nimium ‖ timidi. ideo dictam arcem tenentes: duntaxat poffunt ‖ totam eam infulam

---

[PLANNCK'S "FERDINAND" EDITION.]

acta: in qua ho ‖ mines qui neceffarij funt vifi cum omni armorum genere et vltra an ‖ num victu oportuno reliqui. Item quandam carauellam et pro alijs ‖ conftruendis tam in hac arte quam in caeteris peritos: ac eiufdem in- ‖ fulae Regis erga eos beniuolentiam et familiaritatem incredibilem ‖ Sunt enim gentes illae amabiles admodum et benignae: eo quod Rex ‖ predictus me fratrem fuum dici gloriabatur. Et fi animum reuocarent et ‖ ijs qui in arce manferunt nocere velint. nequeunt: quia armis ca- ‖ rent: nudi incedunt et nimium timidi: ideo dictam arcem tenentes dun ‖ taxat poffunt totam eam infulam nullo fibi imminente difcrimine popu- ‖ lari. dummodo ieges quas dedimus ac regimen non excedant. In omnibus ‖ ijs infuiis vt in-

[SILBER'S EDITION.]

pacta:[1] in qua homines qui necef || farij funt vifi cum omni armorum genere *et* vltra annu*m* victu opor || tuno reliqui. Item quandam carauellam *et* pro alijs conftruendis || tam in hac arte q*uam* in ceteris peritos. ac eiufdem infule Regis erga || eos beniuolentiam *et* familiaritatem incredibilem Sunt enim ge*n* || tes ille amabiles admodum *et* benigne: eo q*uod* Rex predictus me fra || [*Fifth page begins:*] trem fuum dici gloriebatur. Et fi animum reuocarent *et* ijs qui in || arce manferu*nt* nocere velint nequeunt: quia armis carent: nudi in || cedunt *et* nimium timidi: ideo dictam arce*m* tenentes duntaxat p*ossu*nt || totam eam infulam nullo fibi inminente difcrimine populari. du*m* || modo leges quas dedi-

[1] Misprint for *peracta*.

[PLANNCK'S "FERDINAND AND ISABELLA" EDITION.]

aliis || conftruendis tam in hac arte q*uam* in ceteris peritos: ac eiufde*m* in- || fule Regis erga eos beniuolentiam *et* familiaritate*m* incredibile*m* || Sunt enim gentes ille amabiles admodum *et* benigne: eo q*uod* Rex || predictus me fratre*m* fuu*m* dici gloriabat*ur*. Et fi a*ni*m*u*m reuocarent et || iis qui in arce manferunt nocere velint: nequeunt: q*ui*a armis ca- || rent: nudi incedu*nt* *et* nimiu*m* timidi: ideo dicta*m* arcem tene*n*tes dun || taxat p*ossu*nt tota*m* eam infulam nullo fibi i*m*minente difcrimine popu- || lari: dummo*do* leges quas dedim*us* ac regimen no*n* excedant. In o*mn*ibus || [*Sixth page begins:*] iis infulis vt intellexi quifq*ue* vni tantu*m* co*n*iugi acquiefcit: preter prin || cipes aut reges: q*ui*bus viginti h*abe*re licet. Femine magis q*uam* viri

[THE ILLUSTRATED EDITION.]

nullo fibi imminente difcrimine || (dummodo leges quas dedimus ac regimen non ex || cedant) facile detinere. In omnibus his infulis vt || intellexi: quifquevni tantum coniugi acquiefcit: preter || principes aut reges: quibus viginti habere licet. || Femine magis quam viri laborare videntur: nec be || ne potui intelligere an habeant bona propria: vi || di enim quod vnus habebat alijs impartiri: prefertim da || pes, obfonia, et hujusmodi. Nullum apud eos monftrum || reperi: vt plerique exiftimabant: fed homines ma- || gne reuerentie atque benignos. Nec funt nigri ve || lut ethiopes. habent crines planos ac demiffos || non degunt vbi radiorum folaris emicat calor. per || magna namque hic eft folis vehementia: propterea || quod ab equinoctiali linea diftat.

[PLANNCK'S "FERDINAND" EDITION.]

tellexi quifque vni tantum coniugi aqcuiefcit[1] praeter prin || cipes aut reges: quibus viginti habere licet. Feminae magis quam viri la- || [*Sixth page begins:*] borare videntur. nec bene potui intelligere an habeant bona pro || pria: vidi enim quod vnus habebat alijs impartiri: praefertim dapes || obfonia et hujusmodi. Nullum apud eos monftrum reperi vt plerique exi- || ftimabant: fed homines magne reuerentiae atque benignos. Nec funt || nigri velut ethiopes. habent crines planos ac demiffos. non de || gunt vbi radiorum folaris emicat calor. permagna nanque hic eft folis || vehementia: propterea quod ab aequinoctiali linea diftat. Ubi viden- || tur gradus fex et viginti ex montium cacuminibus. Maxi-

[1] Misprint for *acquiefcit*.

[SILBER'S EDITION.]

mus ac regimen non excedant. In omnib*us* || ijs infulis vt intellexi quifq*ue* vni tantu*m* co*n*iugi aqcuiefcit[1] preter pri*n* || cipes aut reges: quibus viginti habere licet. Femine magis q*uam* viri || laborare videntur. nec bene potui intelligere an habeant bona p*ro* || pria: vidi enim q*uod* vnus habeat alijs impartiri: prefertim dapes ob || fonia *et* h*u*j*us*mo*d*i. Nullum apud eos monftrum reperi vt plerique exif || timabant: fed homines magne reuerentie atq*ue* benignos. Nec fu*n*t || nigri velut ethiopes. habent crines planos ac demiffos. no*n* degu*n*t || vbi radior*um* folaris emicat calor permagna nanq*ue* hic eft folis vehe || mentia: propterea q*uod* ab equinoctiali linea diftat. Ubi vident*ur* gra || dus fex *et* viginti ex mon-

[1] Misprint for *acquiefcit*.

[PLANNCK'S "FERDINAND AND ISABELLA" EDITION.]

la- || borare videntur. nec bene potui intelligere an habea*n*t bona pro || pria: vidi enim q*uod* vnus habebat aliis impartiri: prefertim dapes || obfonia *et* h*u*j*us*mo*d*i. Nullum apud eos monftru*m* reperi vt plerique exi- || ftimabant: fed ho*min*es magne reuerentie atq*ue* benignos. Nec funt || nigri velut ethiopes. habent crines planos *et* demiffos. non de- || gu*n*t vbi radior*um* folaris emicat calor. p*er*magna nanq*ue* hic eft folis || vehementia: propterea q*uod* ab equinoctiali linea diftat. Ubi viden || tur gradus fex *et* viginti ex montiu*m* cacuminib*us*. Maximu*m* quoq*ue* || viget frigus: fed id quidem moderantur Indi tum loci co*n*fuetudi: || ne. tum reru*m* calidiffimar*um* quib*us* frequenter *et* luxuriofe vefcunt*ur* || prefidio. Itaq*ue* mo*n*ftra aliqua no*n* vidi:

vbi videtur, gra- || dus fex *et* viginti Ex montium cacuminibus ma- || ximum quoque viget frigus: fed id quidem moderantur In- || di: tum loci confuetudine: tum rerum calidiffimarum quibus || frequenter *et* luxuriofe vefcuntur prefidio. Itaque || monftra aliqua non vidi: neque eorum alicubi habui co || [*Sixteenth page begins:*] gnitionem: excepta quadam infula Charis nun- || cupata: que fecunda ex Hifpana in Indiam || tranffretantibus exiftit. quam gens quedam a || finitimis habita ferocior incolit. hi carne hu- || mana vefcuntur. Habent predicti biremium gene || ra plurima: quibus in omnes Indicas infulas || traijciunt, depredant, furripiuntque quecumque poffunt. || Nihil ab alijs differunt nifi quod gerunt more fe- || mineo longos crines. vtuntur

---

[PLANNCK'S "FERDINAND" EDITION.]

mum quoque || viget frigus: fed id quidem moderantur Indi tum loci confuetudi- || ne. tum rerum calidiffimarum quibus frequenter *et* luxuriofe vefcuntur || praefidio. Itaque monftra aliqua non vidi: neque eorum alicubi habui co || gnitionem: excepta quadam infula Charis nuncupata: quae fecun || da ex Hifpania¹ in Indiam tranffretantibus exiftit quam gens quae || dam a finitimis habita ferocior incolit. Hi carne humana vefcun || tur. Habent predicti biremium genera plurima quibus in omnis Indi || cas infulas traijciunt. depredant. furripiunt quaecumque possunt. Nihil || ab alijs differunt nifi quod gerunt more femineo longos crines. vtun- || tur arcubus *et* fpiculis arundineis fixis vt

1 Misprint for *Hifpana*.

[SILBER'S EDITION.]

tium cacuminibus. Maximum quoq*ue* vi- || get frigus: fed id quidem moderant*ur* Inde¹ tum loci confuetudine. || tum rerum calidiffimarum quibus frequenter *et* luxuriofe vefcu*n*tur || prefidio. Itaq*ue* monftra aliqua no*n* vidi: neq*ue* eor*um* alicubi habui co- || gnitionem: excepta quadam infula Charis nuncupata: que fecun || da ex Hifpania² in Indiam tranffretantibus exiftit. quam genuf || queda*m* a finitimis habita ferocior incolit. Hi carne humana vef- || cunt*ur*. Habent predicti biremium genera plurima quibus in om- || nis Idicas³ infulas traijciunt. depredant. furripiu*nt* quecu*m*q*ue* poss*u*nt. || Nichil ab alijs differunt nifi q*uod* gerunt more femineo longos

    ¹ Misprint for *Indi*.   ² Misprint for *Hifpana*.
         ³ Misprint for *Indicas*.

[PLANNCK'S "FERDINAND AND ISABELLA" EDITION.]

neq*ue* eor*um* alicubi habui co || gnitionem: excepta quada*m* infula Charis nuncupata: que fecun || da ex Hifpania¹ in Indiam tranffretantib*us* exiftit. qua*m* gens que || dam a finitimis habita ferocior incolit. Hi carne humana vefcu*n* || tur. Habent predicti biremiu*m* genera plurima q*ui*bus in o*mn*is Indi- || cas infulas traiiciunt. depredant. furripiunt quecu*m*q*ue* poss*u*nt. Nihil || ab aliis differunt nifi q*uod* geru*n*t more femineo longos crines. vtu*n*- || tur arcub*us* *et* fpiculis arundineis fixis vt diximu*s* in groffiori par || te attenuatis haftilib*us*. ideoq*ue* habent*ur* feroces: quare ceteri Indi || inexhaufto metu plectunt*ur*: fed hos ego nihili facio plus q*uam* alios || Hi funt q*ui* coheunt cu*m* quibufda*m* feminis:

    ¹ Misprint for *Hifpana*.

[THE ILLUSTRATED EDITION.]

arcub*us* et fpiculis || arundineis: fixis (vt dixim*us*) in groffiori p*ar*te at || tenuatis haftilib*us*. ideoq*ue* habent*ur* feroces: qua- || re ceteri Indi inexhaufto metu plectuntur: f*ed* || hos ego nihili facio plus q*uam* alios. Hi funt qui || coeunt cum quibufdam feminis: que fole infu || lam Mateunin prima*m* ex Hifpana in Indiam || traijcientib*us* habitant. He aute*m* femine nullu*m* || fui fexus opus exercent: vtunt*ur* e*ni*m arcub*us* *et* fpi || cul*is* ficuti d*e* ear*um* co*n*iugib*us* dixi muniu*n*t: fefe lami || nis eneis q*uarum* maxi*m*a ap*ud* eas copia exiftit. Ali || am mihi infula*m* affirmant fupradicta Hifpana || maiore*m*: ei*us* incole care*n*t pilis. auroq*ue* int*er* alias || potiffimu*m* exuberat. Hui*us* infule *et* aliar*um* qu*a*s vi || di ho*m*i*n*es mecu*m* porto: q*ui* hor*um* q*ue* dixi teftimo-

---

[PLANNCK'S "FERDINAND" EDITION.]

dixim*us* in groffiori par || te attenuatis haftilib*us*. ideoq*ue* habent*ur* feroces: quare c*a*eteri Indi || inexhaufto metu plectunt*ur*: fed hos ego nihilfacio plus q*uam* alios || Hi funt q*ui* coheunt cu*m* quibufda*m* feminis: qu*a*e fol*a*e infula*m* Mateu- || nin prima*m* ex Hifpania[1] in India*m* traiicientib*us* habitant. H*a*e aut*em* || femine nullu*m* fui fexus opus exercent: vtuntur enim arcubus et || fpiculis ficuti d*e* ear*um* co*n*iugibus dixi. muniunt fefe laminis *a*eneis || quar*um* maxima apud eas copia exiftit. Alia*m* mihi infula*m* affirma*n*t || fupradicta Hifpana maiore*m*: eius incol*a*e care*n*t pilis. auroq*ue* inter || alias potiffimu*m* exuberat. Huius inful*a*e *et* aliar*um* quas vidi ho*m*i*n*es || mecu*m* porto qui hor*um*

[1] Misprint for *Hifpana*.

[SILBER'S EDITION.]

cri- || nes vtuntur arcubus *et* speculis[1] arundineis fixis [*ut*] diximus in grof || fori[2] parte attenuatis haftilibus. ideoq*ue* habentur feroces: quare || ceteri Indi i*n*exhaufto metu plectu*ntur*: fed hos ego nihili facio plus || q*uam* alios Hi funt qui coheunt cu*m* quibufdam feminis: que fole infu || lam Mateunin prima*m* ex Hifpania[3] in Indiam traijcientibus ha || bitant. He autem femine nullum fui fexus opus exercent : vtunt*ur* || enim arcub*us* *et* speculis[4] ficuti de ear*um* co*n*iugibus dixi muniu*n*t fefe la || minis eneis quarum maxima apud eas copia exiftit. Aliam mihi || infulam affirmant fupradicta Hifpana maiorem: eius incole ca- || rent pilis. auroq*ue*

[1] Misprint for *fpiculis*. [2] Misprint for *groffiori*.
[3] Misprint for *Hifpana*. [4] Misprint for *fpiculis*.

[PLANNCK'S "FERDINAND AND ISABELLA" EDITION.]

que fole infula*m* Mateu- || nin prima*m* ex Hifpania[1] in India*m* traiicientib*us* habitant. He aut*em* || femine nullu*m* fui fexus opus exercent: vtuntur enim arcubus et || fpiculis ficut de ear*um* co*n*iugibus dixi. muniunt fefe laminis eneis || q*u*ar*um* m*a*xima apud eas copia exiftit. Alia*m* mihi infula*m* affirma*n*t || fupradicta Hifpana maiore*m*: eius incole care*n*t pilis. auroq*ue* inter || alias potiffimu*m* exuberat. Huius infule *et* aliar*um* quas vidi ho*m*i*n*es || mecu*m* porto qui hor*um* que dixi teftimoniu*m* perhibe*n*t. Deniq*ue* vt no || ftri difceffus *et* celeris reuerfionis compendiu*m* ac emolumentum || breuibus aftringa*m* hoc polliceor: me noftris Regibus inuictiffi || mis paruo eor*um* ful-

[1] Misprint for *Hifpana*.

[THE ILLUSTRATED EDITION.]

nium || perhibent. Denique vt noſtri difceſſus et celeris reuer || ſionis compendium: ac emolumentum breuibus aftringam || hoc polliceor: me noſtris Regibus inuictiſſimis paruo || eorum fultum auxilio: tantum auri daturum quantum || [*Seventeenth page begins:*] eis fuerit opus. tantum vero aromatum. bombicis. || maſticis (que apud Chium duntaxat inuenitur) tan || tumque ligni aloes. tantum feruorum hydrophilato- || rum: quantum eorum maieſtas voluerit exigere. || jtem reubarbarum et alia aromatum genera: que hi || quos in dicta arce reliqui iam inueniſſe: atque in- || uenturos exiſtimo, quandoquidem ego nullibi ma- || gis ſum moratus niſi quantum me coegerunt ven- || ti: preterquam in villa Natiuitatis: dum arcem con- || dere et tuta omnia eſſe prouidi. Que et ſi maxima || et inaudita funt: multo

---

[PLANNCK'S "FERDINAND" EDITION.]

quae dixi teſtimonium perhibent. Denique vt no- || ſtri difceſſus et celeris reuerſionis compendium ac emolumentum || breuibus aftringam hoc polliceor: me noſtris Regibus inuictiſſi- || mis paruo eorum fultum auxilio: tantum auri daturum quantum eis fue- || rit opus. tantum vero aromatum. bombicis. maſticis: que apud Chium || duntaxat inuenitur: tantumque lignum aloes. tantum feruorum hydo- || [*Seventh page begins:*] latrorum: quantum eorum maieſtas voluerit exigere. item reu- || barbarum et alia aromatum genera quae ij quos in dicta arce reli- || qui iam inueniſſe atque inuenturos exiſtimo. quandoquidem ego nul || libi magis ſum moratus niſi quantum me coegerunt venti: pre || terquam in villa Natiuitatis

[SILBER'S EDITION.]

inter alias potiffimum exuberat. Huius infule || et aliarum quas vidi homines mecum porto qui horum que dixi || teftimonium perhibent Denique vt noftri difceffus et celeris reuer || fionis compendium ac emolimentum breuibus aftri*n*gam hoc pol || liceor me noftris Regibus inuictffimis[1] paruo eorum fultum aux || ilio: tantum auri daturum quantum Eis fuerit opus. tantum || vero Armatum.[2] bombicis. mafticis: que apud Chium dumtaxat || [*Sixth page begins:*] Inuenitur: tantumq*ue* lignum aloes. tantum Seruorum hijdo || latroru*m*. qua*n*tu*m* eor*um* maieftas voluerit exigere ite*m* reubarbar*um et* alia || aromatu*m* genera q*ue* ij quos i*n* dicta arce reliq*ui* ia*m* i*n*ueniffe atq*ue* i*n*ue*n*tu || ros exiftimo qua*ndo*quide*m* ego nullibi magis fu*m* morat*us*

[1] Misprint for *inuictiffimis*.   [2] Misprint for *Aromatum*.

[PLANNCK'S "FERDINAND AND ISABELLA" EDITION.]

tu*m* auxilio: tantu*m* auri daturu*m* quantu*m* eis fue- || [*Seventh page begins:*] rit opus. ta*ntu*m vero aromatum. bombicis. mafticis: q*ue* apud Chium || duntaxat innenitur.[1] tantu*m*que ligni aloes. tantum feruor*um* hydo- || latrarum: quantum eorum maieftas voluerit exigere. item reu- || barbarum *et* alia aromatum genera que ii quos in dicta arce reli || qui iam inueniffe atq*ue* inuenturos exiftimo. qua*ndo*quidem ego nul || libi magis fum moratus nifi quantum me coegerunt venti: pre- || ter- q*uam* in villa Natiuitatis: dum arce*m* condere *et* tuta om*n*ia effe pro || uidi. Que *et* fi maxima *et* inaudita funt: multo ta*me*n maiora forent || fi naues mihi vt ratio exigit fubueniffent. Ueru*m* multum ac mira || bile hoc:

[1] Misprint for *inuenitur*.

[THE ILLUSTRATED EDITION.]

tame*n* maiora forent fi || naues mihi vt ratio exigit fubueniffent. Uer*um* || multu*m* ac mirabile hoc: nec noftris meritis cor || refponde*n*s: fed fancte Chriftiane fidei: noftro- || rumq*ue* Regu*m* pietati ac religioni: quia qu*od* hu- || manus co*n*fequi no*n* poterat intellectus: id hu*ma*- || nis conceffit diuinus. Solet e*n*im deus feruos fu || os: quiq*ue* fua pr*e*cepta dilegu*n*t: etia*m* i*n* impoffibili- || bus exaudire: vt nobis i*n* pr*e*fentia contigit: q*ui* ea co*n*fe || cuti fum*us*: q*ue* hacten*us* mortaliu*m* vires mi*n*ime atti || gera*n*t. na*m* fi haru*m* infular*um* quipia*m* aliq*uid* fcripfer*un*t aut || locuti fu*n*t: omnes p*er* ambages *et* co*n*iecturas nemo fe || eas vidiffe afferit: vn*de* prope videbat*ur* fabula Igi || tur Rex *et* Regi*n*a p*r*incipes ac eor*um* regna felicif || fima: cu*n*cteq*ue* alie Chriftianor*um* prouincie Salua || tori d*o*mino n*o*ftro Iefu

---

[PLANNCK'S "FERDINAND" EDITION.]

dum arcem condere *et* tuta om*n*ia effe pro || uidi. Quae *et* fi maxima *et* inaudita funt: multo ta*m*en maiora fore*n*t || fi naues mihi vt ratio exigit fubueniffent. Uer*um* multum ac mira || bile hoc: nec noftris meritis correfpondens: fed fanct*ae* Chriftia || n*ae* fidei noftrorumq*ue* Regum pietati ac religioni: quia quod hu || manus confequi no*n* poterat intellectus: id humanis co*n*ceffit di || uinus. Solet enim deus feruos fuos quiq*ue* fua pr*a*ecepta diligunt || *et* in impoffibilibus exaudire: vt nobis in pr*a*efentia contigit: qui || ea confecuti fumus qu*a*e hactenus mortalium vires minime atti || gerant: nam fi haru*m* infular*um* quipiam aliquid fcripferunt aut lo || cuti funt: omnes per ambages *et* co*n*iecturas: nemo fe eas vidiffe || afferit. vnde prope videbatur fab-

[SILBER'S EDITION.]

nifi quantum me || coegerunt venti: preterquam in villa Natiuitatis dum arcem condere et tuta omnia || effe prouidi Que et fi maxima et inaudita funt: multo tamen maiora forent || fi naues mihi vt ratio exigit fubueniffent. Uerum multum ac mirabile || hoc: nec noftris meritis correfpondens: fed fancte Chriftiane fidei noftro || rumque Regum pietati ac religioni: quia quod humanus confequi non poterat || intellectus: id humanis conceffit diuinus. Solet enim deus feruos fuos || quique fua precepta diligunt et in impoffibilibus exaudire. vt nobis in prefen || tia contigit: qui ea confecuti fumus que hactenus mortalium vires mini || me attigerant: nam fi harum infularum quipiam aliquid fcripferunt aut locuti || funt: omnes per ambages et coniecturas: nemo fe eas vidiffe afferit vnde prope || videbatur

---

[PLANNCK'S "FERDINAND AND ISABELLA" EDITION.]

nec noftris meritis correfpondens: fed fancte Chriftia- || ne fidei: noftrorumque Regum pietati ac religioni: quia quod hu || manus confequi non poterat intellectus: id humanis conceffit di || uinus. Solet enim deus feruus fuos: quique fua precepta diligunt || et in impoffibilibus exaudire: vt nobis in prefentia contigit: qui || ea confecuti fumus que hactenus mortalium vires minime atti || gerant: nam fi harum infularum quipiam aliquid fcripferunt aut lo || cuti funt: omnes per ambages et coniecturas. nemo fe eas vidiffe || afferit. vnde prope videbatur fabula. Igitur Rex et Regina prin || cepfque ac eorum regna feliciffima cuncteque alie Chriftianorum prouin || cie Saluatori domino noftro Iefu Chrifto agamus gratias: qui tan || ta nos victoria munereque

[THE ILLUSTRATED EDITION.]

Chrifto agam*us* gra*ti*as: q*ui* ta*n*ta nos || victoria munereq*ue* donauit: celebre*ntur* proceffio*nes* || [*Eighteenth page begins:*] peragant*ur* folennia facra. feftaq*ue* fronde velent*ur* || delubra. Exultet Chrift*us* i*n* terris: quemadmodu*m* || in celis exultat: cum tot populorum p*er*ditas an*te* || hac animas faluatum iri preuidet. Letemur *et* || nos: tu*m* propter exaltatione*m* noftre fidei. tum pro- || pter reru*m* temporaliu*m* increme*n*ta: quor*um* no*n* folu*m* || Hifpania fed vniuerfa Chriftianitas eft futu- || ra p*ar*ticeps. Hec vt gefta funt fic breuiter enar- || rata. Uale. Ulifoone pridie ydus Marcij. ||

Criftofor*us* Colom Oceane claffis Prefect*us*. ||

[PLANNCK'S "FERDINAND" EDITION.]

ula. Igitur Rex *et* Regina prin || cepfq*ue* ac eor*um* regna feliciffima cunct*ae*q*ue* ali*ae* Chriftianor*um* prouin || ci*ae* Saluatori d*om*ino noftro Iefu Chrifto agam*us* gratias: qui tan || ta nos victoria munereq*ue* donauit: celebrentur proceffiones. per || agantur folennia facra. feftaq*ue* fronde velentur delubra. exultet || Chriftus in terris quemadmodum in coelis exultat: quom tot || populor*um* perditas ante hac animas faluatum iri praeuidet. Laete || mur *et* nos: cum propter exaltationem noftr*ae* fidei. tum propter || rerum temporalium incrementa: quor*um* non folum Hifpania fed || vniuerfa Chriftianitas eft futura particeps. Haec vt gefta funt || fic breuiter enarrata. Uale. Ulifbon*ae* pridie idus Martij. ||

Chriftoforus Colom Ocean*ae* claffis Praefectus. ||

[SILBER'S EDITION.]

fabula. Igitur Rex et Regina princepsque ac eorum regna feli || ciffima cunctaque alie Chriftianorum prouincie Saluatori domino nostro Ie || fu Chrifto agamus gratias: qui tanta nos victoria munereque donauit: || celebrentur proceffiones peragantur folennia facra. feftaque frondeque velentur || delubra exultet Chriftus in terris quemadmodum in celis exultat: || quom tot populorum perditas ante hac animas faluatum iri preuidet: Letemur || et nos: cum propter exaltationem nostre fidei. tum propter rerum temporalium || incrementa: quorum non folum Hifpania fed vniuerfa Chriftianitas eft || futura particeps. Hec vt gefta funt fic breuiter enarrata. Uale. || Uilifbone pridie idus Martij. ||

Chriftoforus Colom Oceane claffis Prefectus. ||

[PLANNCK'S "FERDINAND AND ISABELLA" EDITION.]

donauit: celebrentur proceffiones. per || agantur folennia facra: feftaque fronde velentur delubra. exultet || Chriftus in terris quemadmodum in celis exultat: quom tot po || pulorum perditas ante hac animas faluatum iri preuidet. Lete || mur et nos: cum propter exaltationem noftre fidei. tum propter || rerum temporalium incrementa: quorum non folum Hifpania fed || vniuerfa Chriftianitas eft futura particeps. Hec vt gefta funt || fic breuiter enarrata. Uale. Ulifbone pridie Idus Martii. ||

Chriftoforus Colom Oceane claffis Prefectus. ||

[THE ILLUSTRATED EDITION.]

⁋ Epigrama. R. L. de Corbaria Epiſcopi ‖ Montiſpa-luſij ‖

  Ad Inuictiſſimum Regem Hiſpaniarum ‖

Iam nulla Hiſpanis tellus addenda triumphis: ‖
 Atque parum tantis viribus, orbis erat. ‖
Nunc longe Eois regio deprenſa ſub vndis. ‖
 Auctura eſt titulos Betice magne tuos. ‖
Unde repertori merito referenda Columbo ‖
 Gratia: ſed ſummo eſt maior habenda deo: ‖
Qui vincenda parat noua regna tibique ſibique: ‖
 Teque ſimul fortem preſtat et eſſe pium. ‖

[PLANNCK'S "FERDINAND" EDITION.]

[*Eighth page begins:*]

⁋ Epigramma. R. L. de Corbaria Epiſcopi Montiſpa-luſij. ‖

  Ad Inuictiſſimum Regem Hiſpaniarum. ‖

Iam nulla Hiſpanis tellus addenda triumphis ‖
 Atque parum tantis viribus orbis erat. ‖
Nunc longe eois regio deprenſa ſub vndis ‖
 Auctura eſt titulos Betice magne tuos ‖
Unde repertori merito referenda Columbo ‖
 Gratia: ſed ſummo eſt maior habenda deo. ‖
Qui vincenda parat noua regna tibique ſibique ‖
 Teque ſimul fortem preſtat et eſſe pium. ‖

[SILBER'S EDITION.]

⁋ Epigramma. R. L. de Corbaria Ep*iscop*i Montiſpaluſij. Ad In || victiſſimum Regem Hiſpaniarum :· ||

   Iam nulla Hiſpanis tellus addenda triumphis. ||
     Atq*ue* parum tantis viribus orbis erat. ||
   Nunc longe eois regio deprenſa ſub vndis. ||
     Auctura eſt titulos Betice magne tuos ||
   Unde repertori merito referenda Columbo ||
     Gratia: ſed ſummo eſt maior habenaa deo. ||
   Qui vincenda parat noua regna tibiq*ue* ſibiq*ue* ||
     Teq*ue* ſimul fortem preſtat et eſſe pium. ||

⁋ Impreſſit Rome Eucharius Argenteus Anno do*m*ini. M. cccc xciij ||

[PLANNCK'S "FERDINAND AND ISABELLA" EDITION.]

[*Eighth page begins:*]

⁋ Epigramma. R. L. de Corbaria Epiſcopi Montiſpalufii. ||
     Ad Inuictiſſimum Regem Hiſpaniarum. ||

   Iam nulla Hiſpanis tellus addenda Triumphis ||
     Atq*ue* parum tantis viribus orbis erat. ||
   Nunc longe Eois regio deprenſa ſub vndis. ||
     Auctura eſt titulos Betice magne tuos: ||
   Unde repertori merito referenda Colombo ||
     Gratia: ſed ſummo eſt maior habe*n*da deo. ||
   Qui vincenda parat noua Regna tibiq*ue* ſibiq*ue* ||
     Teq*ue* ſimul fortem preſtat *et* eſſe pium. ||

www.ingramcontent.com/pod-product-compliance
Lightning Source LLC
Chambersburg PA
CBHW031121160426
43192CB00008B/1073